RECUEIL
DES RITS ET CÉRÉMONIES
DU PELERINAGE
DE LA MECQUE,

AUQUEL ON A JOINT

divers Ecrits relatifs à la Religion, aux Sciences & aux Mœurs des Turcs,

Par M. GALLAND, Interpréte du Roi.

A AMSTERDAM,

Et ſe vend

A PARIS,

Chez DESAINT & SAILLANT.

M. DCC. LIV.

AVERTISSEMENT.

LES rapports peu exacts, & les relations fausses que j'ai souvent trouvées dans les Livres de plusieurs voyageurs & autres personnes qui ont écrit sur la religion & les mœurs des Turcs, m'ont engagé à donner cette Brochure dans la vûe de détruire une partie des erreurs qui se trouvent dans les ouvrages dont je viens de parler.

Les Rits & Cérémonies du pelerinage de la Mecque, le Catéchisme Musulman, & la Dissertation sur les Sciences des Turcs sont traduits, les deux premiers de l'Arabe, & la troisiéme du Turc, sur des manuscrits que j'ai eus avec beaucoup de peine dans l'Orient; car les Musulmans sont fort réservés, & ne s'ouvrent que très-difficilement aux Chrétiens sur les détails de leur Religion.

Un long séjour dans les Etats du

Grand Seigneur m'en ayant rendu les Langues familieres, j'ai cru ne devoir pas jouir seul de la satisfaction que donne la connoissance du vrai : & je suis persuadé que l'on sera bien aise de connoître la maniere touchante & affectueuse avec laquelle les Musulmans invoquent le Créateur dans leurs prieres, dont je ne sache pas que personne ait donné jusqu'aujourd'hui une idée claire & distincte, telle qu'on la prendra dans les prieres même.

J'avouerai naturellement que quelque soin que j'aie pris de rendre exactement le sens des originaux, ma traduction est cependant fort au-dessous : il est des beautés de langage qui sont incommuniquables. C'est ce que je remarque moi-même, principalement au sujet des Rits & Cérémonies du pelerinage de la Mecque. Les prieres des Musulmans perdent beaucoup dans la traduction, de la force, de la sublimité & de l'énergie qu'elles ont dans la langue Arabe, qui paroît plus propre que toute autre à parler de Dieu & de ses attributs, avec la grandeur & la majesté qui conviennent à l'Etre suprême. Je dois ajouter ici à l'honneur des Musulmans, qu'ils prient Dieu avec une ferveur & un recueillement, dont ceux qui en sont témoins ne peuvent s'empêcher d'être sensiblement attendris : il faut le voir pour s'en convaincre : tout ce qu'on en peut dire n'approche pas de la réalité.

Après les Rits & les Cérémonies du pelerinage de la Mecque, j'ai placé le Catéchisme Musulman, que j'ai traduit également de l'Arabe.

A l'égard de la Dissertation sur les Sciences des Turcs, l'opinion où l'on est en général sur l'ignorance de ces peuples, pourroit la faire regarder comme une piéce supposée, si plusieurs personnes n'étoient instruites qu'il y a dans toutes les villes de l'Empire Ottoman des Ecoles publiques, & dans les principales, des Colléges fondés pour l'instruction & l'entretien d'un certain nombre de jeunes gens qui veulent s'appliquer aux Sciences & sur-tout à celles de la Religion & de la Loi : ce sont les deux principales. On peut même dire qu'elles n'en sont qu'une, à laquelle ils rapportent la plûpart des autres.

Les Chaires de ces différens Colléges sont remplies par des Cadis, c'est-à-dire, des Juges préposés pour l'administration de la justice. Leur nombre est une fois plus grand que celui des Tribunaux de l'Empire. L'exercice de leur fonction de Juge ne dure que quinze mois, après lesquels ils passent un pareil espace de tems à donner des leçons publiques. Ces leçons leur sont aussi utiles qu'à leurs écoliers ; car ils n'avancent en grade qu'à proportion de l'assiduité avec laquelle ils ont rempli ce devoir, & de la célébrité qu'ils ont acquise.

Ce petit ouvrage est terminé par une Relation de l'isle de Chio, & par la Description de la marche & de la solemnité observée au mariage de la Sultane Esma avec Iaakoub Pacha, gouverneur de Selistrée. Je ne dis rien à ce sujet dont je n'aie été témoin oculaire. J'en ai fait les relations ſur les lieux avec toute l'exactitude poſſible, & je n'ai rien avancé qu'après m'être aſſuré de la vérité par un mûr examen.

La premiere partie de la Deſcription de la marche de la Sultane, contient une énumération des Officiers qui formoient cette marche, & un précis de leurs fonctions. Elle n'amuſera peut-être pas les perſonnes peu curieuſes de pareils détails; mais la ſeconde partie eſt inſtructive & intéreſſante. On y trouvera un état de la Famille Ottomane, & des Anecdotes peu connues, qui ſeront du goût de tout le monde.

TABLE

Des Pièces contenues dans cet Ouvrage.

RECUEIL des Rits & Cérémonies du pelerinage de la Mecque, pag. 3

Catéchisme Musulman, 51

Dissertation sur les Sciences des Turcs, 85

Relation de l'Isle de Chio, 99

Relation de la marche & des cérémonies du mariage de la Sultane Esma, 173

RECUEIL

RECUEIL

DES RITS ET CÉRÉMONIES du pelerinage de la Mecque, ſuivant la Secte de l'Imam ou Docteur Chafeï, traduit de l'Arabe du Cheïkh el Imam el Aalim el Ullamé Chemſed-din el Buhouky le Chafeïte.

PREFACE.

Au nom de Dieu clément & miséricordieux.

Louange soit rendue à Dieu maître des deux Mondes.

Des prieres & des saluts sans nombre sur notre Seigneur Mahomet, sur ses descendans & sur ses amis.

UN de mes amis en Dieu m'ayant prié de lui faire un Recueil des Rits & Cérémonies du pelerinage de la Mecque, selon la Secte de l'Imam Chafeï (puisse-t-il être agréable à Dieu,) je me suis rendu à sa priere, dans la vue d'acquérir le mérite de cette action. Dieu m'en récompense, & en fasse retirer le fruit à tous les Musulmans * *&*

* MUSULMANS. Il est à observer que quoiqu'ordinairement l's, placée entre deux voyelles, doive être prononcée comme un z, il faut cependant la prononcer dans ce mot comme s'il étoit écrit *Muçulmans*.

à ceux qui le liront. Le ſalut & la paix de Dieu ſoient ſur notre Seigneur Mahomet, ſur tous ſes deſcendans, & ſur tous ſes amis.

RECUEIL

Des Rits et Cérémonies du pelerinage de la Mecque.

O Vous qui demandez à vous instruire, & que je prie le Seigneur de diriger selon ses voies, sachez qu'on n'est obligé de faire le pelerinage de la Mecque & le sacrifice, qu'une fois dans la vie ; & cela pour quelque péché d'action ou d'omission.

Quand quelqu'un veut faire le pelerinage de la sacrée Maison de Dieu, il doit purifier son intention, se repentir de ses péchés, payer ses dettes, se réconcilier avec ses ennemis, rendre les dépôts qu'il peut avoir entre les mains, laisser à sa famille & à tous ceux qu'il est obligé de nourrir, dequoi ſubſiſter juſqu'à ſon retour, & ſe munir d'argent bien acquis, pour fournir largement à tous les beſoins de ſon voyage.

Le pelerin en ſortant de ſa maiſon fera deux inclinations, récitera le Fateha [1], & dira : *Il n'y a qu'un ſeul*

[1] FATEHA eſt un mot Arabe qui veut dire commencement, ouverture : c'eſt le nom du premier chapitre du Coraan *, qui eſt une priere auſſi commune chez les Muſulmans que l'Oraiſon Dominicale chez les Chrétiens. Les Muſulmans diſent le *Fateha* au commencement de leurs prieres, à leurs mariages, en commençant quelque entrepriſe, & généralement dans toutes les occaſions où ils veulent implorer le ſecours de Dieu. En voici la traduction :

Au nom de Dieu clément & miſéricordieux ; louange ſoit rendue à Dieu Seigneur, des deux Mondes, clément & miſéricordieux, maître du jour du Jugement. Nous vous ſommes ſoumis, Seigneur, & nous implorons votre aſſiſtance : dirigez-nous dans le droit chemin, comme vous en avez fait la grace à vos élus, & non pas aux réprouvés.

* CORAAN. Coraan eſt le même livre que nous appellons en françois l'*Alcoran*, parce qu'en conſervant *al*, qui eſt l'article Arabe, nous y joignons *le*, article françois : ce qui lui donne un double article, de même qu'aux mots *algebre*, *elixir*, *alambic*, qui ſont auſſi Arabes.

Dieu, je lui demande ſon ſecours & ſon aſſiſtance pour tout le tems de mon voyage. Enſuite il prendra congé de ſa famille, & de tous ceux qui ſeront préſens, & leur dira : *Dieu conſerve votre foi & votre loi, & qu'il faſſe réuſſir toutes vos affaires.*

Il faut qu'il faſſe l'aumône avant ſon départ, parce que cette bonne œuvre attire la bénédiction de Dieu ſur ſon voyage. Il répondra à ceux qui lui diront adieu : *Le Seigneur vous conſerve & vous protége ; qu'il vous préſerve de tout mal ; qu'il vous pardonne vos fautes, & qu'il vous comble de biens, quelque part que vous alliez.*

En arrivant à la porte de ſa maiſon, il récitera le chapitre du Coraan qui commence par ces mots : *Nous l'avons fait deſcendre dans la nuit* [1] *de la puiſſance.* Enſuite il dira : *Dieu eſt*

[1] LA NUIT DE LA PUISSANCE eſt une nuit de la Lune de Ramadan, pendant laquelle les Muſulmans croient que Dieu pardonne tous les péchés à ceux qui s'en repentent ſincérement, & qu'il accorde tout ce qu'on lui demande.

grand, je me confie à Dieu, il n'y a de puiſſance & de protection qu'en Dieu.

En montant à cheval il dira: *Louange ſoit rendue à Dieu qui m'a donné cette monture; qu'il ſoit béni de me l'avoir procurée. Louange ſoit rendue à Dieu de nous avoir donné la vraie foi, & de nous avoir fait la grace de nous envoyer ſon Prophéte Mahomet (ſur lequel ſoient les prieres & les ſaluts les plus parfaits:) Dieu me préſerve des difficultés & des incommodités du voyage, des viſages triſtes & abbatus, & de tous les accidens qui pourroient arriver à ma famille, à mes biens & à mes enfans. Mon Dieu, faites-moi la grace de voyager dans ce monde, & de ne jamais m'écarter de votre obéiſſance, tant que j'y ſerai.*

Le pelerin doit entreprendre ſon voyage le lundi ou le jeudi de grand matin. Il dira en arrivant au gîte: *Mon Dieu, faites-moi trouver un gîte de bénédiction: vous êtes, Seigneur, le meilleur de tous les gîtes.*

Quand la Caravanne arrivera le ſoir, il dira : *Au nom de Dieu, je me confie en Dieu & me ſers de ſes paroles pour me préſerver de tout le mal qui a été créé. Le ſalut ſoit ſur Noé dans ce monde & dans l'autre : la paix ſoit ſur lui. Mon Dieu, faites-moi jouir de tous les avantages de ce gîte, & préſervez-moi de tout le mal qui peut s'y trouver.*

En partant du gîte il dira : *Louange ſoit rendue à Dieu qui m'a préſervé de la laſſitude & de tous les malheurs qui pouvoient m'arriver. Mon Dieu, faites-moi arriver en ſureté à un autre gîte, comme vous m'avez retiré de celui-ci ſain & ſauf.*

En montant & en deſcendant de cheval, en arrivant & en partant des gîtes, il aura toujours ſoin de répéter ces mêmes prieres. Pendant tout le cours de ſon voyage, il en fera plus qu'à l'ordinaire pour lui & pour les autres, & demandera à Dieu les biens de ce monde qu'il deſire, & l'éternité quand ſon terme ſera venu pour l'autre : car il eſt dit dans le Coraan, que les prieres des voyageurs ſont exaucées.

Il fera repoſer ſa monture le plus ſouvent qu'il lui ſera poſſible, & il aura l'attention d'en deſcendre pour dîner, pour ſouper, en montant les montagnes & en les deſcendant. Il ne dormira jamais ſur ſa monture. Il traitera bien le chamelier, ſes compagnons de voyage, & ceux qui en chemin lui demanderont quelque choſe. Il ne déſobligera perſonne, ne fera point de trouble ni d'embarras dans le chemin, ni en arrivant aux endroits où l'on trouve de l'eau. Il ne rebutera point ceux qui lui demanderont de ſes proviſions, en leur reprochant qu'ils n'en ont point apporté avec eux, ou qu'ils ont entrepris leur voyage ſans monture : au contraire il leur fera amitié, & priera Dieu de les ſecourir.

Quand le pelerin ſera arrivé à l'endroit où ſe raſſemble la Caravanne [1] de

[1] CARAVANNE. Il part tous les ans pour la Mecque.

la Mecque, & qu'il voudra mettre l'Ihram [1], il fera la grande ou la petite ablution [2] : il eſt mieux de faire la grande. Il ſe couvrira de deux grandes ſerviettes neuves, ou nouvellement blanchies : il eſt plus convenable qu'elles ſoient neuves. L'une le couvrira de-

une Caravanne de Damas, capitale de la Syrie, une du Grand Caire, capitale de l'Egypte, & une de Barbarie. Les Muſulmans qui veulent faire ce pelerinage, ou le négoce qui ſe fait à cette occaſion, vont joindre la Caravanne qui s'aſſemble dans l'endroit le plus proche de leur pays.

Les Turcs diſent en proverbe : *Et pelerinage, & négoce*, c'eſt-à-dire que dans le pelerinage de la Mecque on a ſouvent deux objets en même tems, la religion & le négoce ; l'un ſert ſouvent de prétexte à l'autre. Car bien des gens ne vont à la Mecque que pour négocier avec les Perſans, Indiens & Africains, qui s'y trouvent tous les ans en grand nombre au tems du Baïram, & ils paſſent une partie de leur vie à faire ces voyages.

[1] Ihram. C'eſt une piece de toile ou de laine dont les pelerins ſe couvrent à la Mecque pendant dix jours.

[2] Ablution. La petite ablution conſiſte à ſe laver les mains, les bras, les pieds, les oreilles, & le ſommet de la tête. Pour la grande il faut ſe laver tout le corps, comme on verra plus au long dans ma traduction du Catéchiſme Muſulman.

puis le nombril juſqu'en bas : & avec l'autre il ſe couvrira le reſte du corps, excepté la tête & le viſage : il s'arrangera les mouſtaches, ſe coupera les ongles, ſe raſera tout le poil des parties inférieures ; s'arrachera celui des aiſſelles, ſe frottera de pommades qui ne ſoient point colorées, fera deux inclinations & mettra l'Ihram.

Il y a trois ſortes d'Ihrams : le premier s'appelle *Karen* : c'eſt celui qu'on met quand on ſe propoſe d'aller à la Mecque, & d'y faire un ſacrifice.

Le ſecond s'appelle *Mofred* : c'eſt celui que mettent ceux qui dans le voyage de la Mecque, ne ſe propoſent que d'aſſiſter au ſacrifice public qui s'y fait, ſans en faire de particulier.

Le troiſiéme s'appelle *Motmettaa*, & ſert à ceux qui ſimplement veulent faire un ſacrifice. Avant de le mettre ils doivent diriger leur intention, & dire : *J'ai réſolu d'offrir un ſacrifice, & je l'offrirai au grand Dieu.*

Quand celui qui porte l'Ihram Motmettaa arrive à la Mecque, il doit faire ſept fois le tour du temple, & y faire ſept Saïs.[1] Il faut qu'il ſe faſſe raſer, & qu'il s'habille proprement.

Lorſqu'il va dans la vallée où l'on fait les ſacrifices, il doit quitter ſes habits, & mettre l'Ihram après s'être lavé deſſous la goutiere[2] du temple.

Le pelerin qui a revêtu l'Ihram du pelerinage ou celui du ſacrifice, doit dire immédiatement après: *Que vous*

[1] SAÏS. Le Saï ſe fait en allant du Meroüé au Séfa, qui ſont les deux endroits juſques auxquels Agar s'avançoit en cherchant de l'eau pour ſon fils Iſmaël dans le Déſert, après avoir été chaſſée de la maiſon d'Abraham. Elle n'oſoit aller plus loin de peur que pendant ſon abſence, il n'arrivât quelque accident à ſon fils Iſmaël.

[2] GOUTIERE. La goutiere du Temple de la Mecque eſt d'argent doré. Les pelerins ont la dévotion de ſe laver avec l'eau qu'elle jette en tems de pluie, faute de laquelle ils ſe ſervent de l'eau du puits de Zemzem.*

* ZEMZEM eſt le nom d'un puits dont l'eau, ſuivant les Muſulmans, eſt ſortie miraculeuſement de terre dans le Déſert deſſous les pieds d'Iſmaël, dans le tems que, preſſé par la ſoif, il pleuroit & ſe débattoit, après qu'Abraham l'eut chaſſé de ſa maiſon avec ſa mere Agar.

plait-il, mon Dieu? que vous plait-il? me voici prêt à exécuter vos ordres. Vous êtes le ſeul Dieu, vous n'avez point de compagnon, que vous plait-il? Louange & graces vous ſoient rendues; vous êtes le roi qui n'avez point d'aſſocié, que voulez-vous de moi? Il continuera de faire cette priere pendant tout le reſte du tems de ſon pelerinage, ſoit qu'il monte ou qu'il deſcende, qu'il agiſſe ou qu'il ſoit en repos.

Après qu'il a fait cette priere la premiere fois, & qu'il a pris l'Ihram du pelerinage ou celui du ſacrifice, ou celui de tous les deux enſemble, il faut qu'il s'abſtienne des habits couſus & des odeurs. Il lui eſt défendu d'aller à la chaſſe, & d'aider à tuer le gibier [1], de faire aucune mauvaiſe action, de ſe laiſſer emporter à des mouvemens d'impureté, & de commettre d'adul-

[1] Gibier. On doit ſçavoir pour l'intelligence de cet article, que les Muſulmans ne pouvant point, ſelon leur Loi, manger de viande étouffée, ils ont ſoin, dès qu'ils ont abatu leur gibier, de l'égorger & de le faire ſaigner le plus qu'ils peuvent.

tère. Il doit ſouvent faire la derniere priere que nous venons de rapporter, juſqu'à ce qu'il entre à la Mecque.

Il y entrera par la porte de Beni-cheïbé, & du pied droit, en diſant: *Seigneur tout miſéricordieux, ouvrez-moi les portes de votre miſéricorde.* Quand il ſera derriere le temple, il dira : *Mon Dieu, augmentez la nobleſſe, la vénération, la grandeur & l'honneur de cette maiſon.*

Quand il arrivera à la pierre [1] noire, il la baiſera, s'il peut, & ſe retirera en laiſſant toujours le temple à ſa gauche ; enſuite il ſe propoſera de faire ſept fois le tour du temple en diſant : *Je me ſuis propoſé de tourner dans cette maiſon, ſuivant la dévotion attachée à cette cérémonie.*

[1] Pierre noire. La pierre noire, qui eſt attachée à une des colomnes du portique du temple de la Mecque, fut donnée ſuivant les Muſulmans par Dieu à Adam, fondateur de ce temple, pour l'y placer. La derniere fois qu'il fut ruiné & rebâti du tems de Mahomet, ce fut lui qui y plaça la pierre noire à l'endroit où on la voit aujourd'hui.

Lorſqu'il ſera vis-à-vis de la pierre noire, il dira : *Mon Dieu je crois en vous, je crois à votre Livre*[1] *: je veux ſatisfaire au traité que nous avons avec vous, & être ſoumis à la Loi de votre Prophéte Mahomet, ſur lequel ſoient votre paix & votre ſalut.*

En arrivant vis-à-vis de la porte il dira : *Seigneur, cette maiſon eſt votre maiſon ; ce lieu ſacré eſt à vous ; & la ſureté qu'on y trouve vient de vous.*

Enſuite il regardera à ſa droite le Lieu[2] d'Abraham, l'ami de Dieu, ſur qui ſoient le ſalut & la paix, & il dira : *C'eſt là le lieu de celui qui par votre moyen s'eſt préſervé du feu.*[3] Après

[1] LIVRE. C'eſt le Coraan que les Muſulmans croient être venu du Ciel, & auquel ils donnent le nom de LIVRE par excellence.

[2] LE LIEU D'ABRAHAM eſt la chambre de ce Patriarche. Ce fut lui, ſelon les Muſulmans, qui rebâtit le temple de la Mecque, après qu'il eut été ruiné par les eaux du Déluge.

[3] DU FEU. Les Muſulmans croient qu'Abraham a connu par révelation l'unité de Dieu, & que l'ayant prêchée à la Cour de Nembrod, premier roi de Babylone après le Déluge, ce prince le fit jetter dans une

cela

cela il dira : *Mon Dieu, pardonnez-moi, ayez compaſſion de moi : faites-moi miſéricorde & paſſez pardeſſus tout ce que vous ſçavez de moi : vous êtes le cher & l'honorable par excellence. Seigneur, ſanctifiez mon pelerinage : récompenſez mon zéle, pardonnez-moi mes fautes, & faites fructifier mes bonnes œuvres ; je me préſerve par vous de ceux qui vous donnent des compagnons* [1], *des infidéles, des doutes, de l'hypocriſie, des diſſenſions, des mauvaiſes créatures, des mauvais viſages, & des malheurs qui peuvent arriver à mes biens, à ma famille & à mes enfans.*

Lorſqu'il ſera devant la goutiere il dira : *Seigneur, mettez-moi à l'ombre de votre trône le jour qu'il n'y aura*

fournaiſe ardente dont il ſortit ſain & ſauf. Cette avanture a donné lieu aux Mages ou adorateurs du feu, de croire que Zoroaſtre leur grand Prophéte eſt le même qu'Abraham.

[1] COMPAGNONS. L'Auteur veut parler dans cet endroit des Chrétiens que les Muſulmans appellent infidéles, & *Aſſociateurs*, par rapport au myſtere de la Trinité.

point d'autre ombre que la vôtre, qu'il n'y aura rien de permanent que votre face, & rien de périssable que vos créatures. Mon Dieu, faites-moi boire dans la tasse de votre Prophéte Mahomet, sur qui soient le salut & la paix : faites que j'y boive, ô maître des deux mondes, cette boisson qui désaltere pour toujours :

En arrivant au coin du temple qui est du côté de la Syrie, il dira : *Mon Dieu, sanctifiez mon pelerinage ; bénissez mon zéle ; pardonnez-moi mes péchés, & rendez mes bonnes œuvres méritoires : ô bien-aimé, ô pardonneur*[1], *pardonnez-moi & faites-moi miséricorde. Fermez les yeux sur ce que vous sçavez de moi : vous sçavez ce que nous ne sçavons pas, vous le bien-aimé & l'honorable.*

Au coin du temple qui regarde l'Arabie Heureuse, il dira : *Mon Dieu, je me préserve par la vertu de votre nom, de l'infidélité, de la pauvreté, des*

[1] Ce terme qui n'est pas François a été mis pour moins s'écarter de la justesse du texte.

tourmens[1] *du tombeau, de la malice des vivans & des morts, & des embûches de l'Antechriſt.*[2]

Quand il ſera entre les deux coins du temple & la pierre noire, il dira: *Seigneur, accordez-moi les biens de ce monde & de l'autre, & préſervez-moi des peines du feu.*

Vis-à-vis la pierre noire il dira: *Mon Dieu, pardonnez-moi par votre miſéricorde. Je me préſerve, par le Seigneur de ce temple & de cette pierre noire, des dettes, de la pauvreté, de la détreſſe du cœur, & des peines du tombeau.*

[1] LES TOURMENS DU TOMBEAU. Les Muſulmans croyent que les Anges Munker & Makir, qui ont un aſpect & une voix auſſi terribles que le tonnerre, deſcendent dans le tombeau des réprouvés auſſitôt que ceux qui ont aſſiſté à leur enterrement ſe ſont retirés. Ils font ſubir au mort un interrogatoire, & le fouettent enſuite avec un fouet qui eſt moitié fer & moitié feu. Ils ont tiré cette idée du Thalmud.

[2] L'ANTECHRIST. Les Muſulmans croyent, comme les Chrétiens, qu'à la fin du monde l'Antechriſt qui, ſelon eux, n'aura qu'un œil & qu'un ſourcil, viendra pervertir les hommes. Ils ajoutent qu'il ſera vaincu par Jeſus-Chriſt, qui viendra le combattre.

Lorſqu'il aura fini le premier tour de la façon que nous venons de preſcrire, il en fera ſix autres de la même maniere. Les trois premiers tours ſe font en marchant vîte, ſans cependant courir, & les quatre autres en marchant à l'ordinaire.

Après avoir fini les ſept tours il ira au Moltezem [1] qui eſt entre la pierre noire & la porte, & y fera ſa priere. Enſuite il s'approchera de la porte & des rideaux du temple, & s'y ſuſpendra : il y appuyera ſes coudes & ſes mains, en diſant : *O Seigneur de l'ancienne maiſon, délivrez-moi du feu & du Diable exécrable.* Il appuyera ſon ventre & ſa joue droite contre le temple, & étendra les bras & les mains en diſant : *Mon Dieu, préſervez-moi de tout mal, faites que je ſois content des biens que vous m'avez donnés, & béniſſez-les : faites-moi la grace de vous*

[1] MOLTEZEM. C'eſt l'endroit où Mahomet ſe réconcilia avec ſes dix compagnons, qui diſoient qu'il n'étoit pas véritablement Prophéte.

honorer & de vous servir comme vous le méritez. Il rendra louange à Dieu, & il implorera sa bénédiction & sa paix sur Mahomet & sur tous les envoyés de Dieu, & il demandera pardon à Dieu de ses péchés.

Quand il aura fini, il fera deux inclinations derriere la chambre d'Abraham. Ces inclinations sont de loi pour ceux qui font les sept tours : après quoi il demandera dans sa priere ce qu'il désire, & retournera à la pierre noire.

Le Prophéte Mahomet, sur qui soient la bénédiction & la paix de Dieu, a dit que celui qui tourneroit dans le temple de la Mecque pendant sept jours consécutifs, & qui feroit sa priere derriere la chambre d'Abraham, recevroit pour récompense d'être préservé du feu.

Avant de tourner, il faut faire l'ablution, se couvrir de la ceinture en bas, & observer les mêmes choses que dans la priere, excepté que le Dieu

Très-haut & Très-ſaint a permis de parler pendant cet exercice.

Le pelerin ſortira du temple par la porte de la montagne de Sefa. Il montera à l'eſcalier qu'il trouvera en ſortant, autant de degrés qu'il en faut pour faire la hauteur d'un homme : il tournera le viſage du côté du temple, & dira : *Dieu eſt grand, Dieu eſt grand; ſa puiſſance paroît dans les biens dont il nous a gratifiés. Louange ſoit rendue à Dieu de ſes bienfaits : il n'y a point d'autre Dieu que Dieu : il eſt ſeul, il n'a point de compagnon ; je crois à ſes promeſſes, je ſuis prêt à aider & à ſecourir les défenſeurs de ſa vérité. Il a défait lui ſeul & mis en fuite ceux qui ſe ſont élevés contre ſes Prophétes. Il n'y a point de Dieu que Dieu ; nous ne ſervons que lui, nous lui ſommes ſincérement attachés ; la foi eſt à lui, & il a en horreur les infidéles. Mon Dieu je vous demande de me conſerver toujours ma foi : accordez-moi une ferme croyance, une ſcience utile, un cœur humble & une langue reconnoiſſante, qui chante vos louanges ; pardonnez-moi mes péchés, donnez-moi la ſanté & l'innocence dans la foi en ce monde & dans l'autre : la paix de Dieu ſoit ſur notre ſeigneur Mahomet & ſur ſes deſcendans.* Enſuite il demandera dans ſa priere ce qu'il voudra.

Quand il aura fini de tourner, il fera ſept ſaïs, en diſant : *Mon Dieu, pardonnez-moi, faites-moi miſéricorde ; fermez les yeux ſur ce que vous ſçavez de moi : vous êtes le cher & l'honorable par excellence. Mon Seigneur & mon Dieu, accordez-moi les biens de ce monde & de l'autre, & préſervez-moi des peines du feu.*

Il marchera doucement juſqu'à ce qu'il ſoit arrivé au Meïl [1] el ahdar : enſuite il marchera vîte juſqu'aux deux Colonnes [2] vertes, après quoi il re-

[1] MEÏL EL AHDAR. C'eſt le nom d'un chemin qui alloit de la porte dite d'Aly, à la porte dite du Prophete.

[2] LES DEUX COLONNES VERTES ſont placées ſur

commencera à marcher doucement.

En arrivant au Meroué il montera comme il a fait à la porte de Sefa, se tournera du côté de cette porte, & répétera la priere qu'il y a faite: quand il aura accompli tout ce que je viens de marquer, le saï sera fini. Il fera le second & les cinq autres de la même façon: après quoi il aura accompli ses sept tours, & ses sept saïs.

Celui qui au rendez-vous général des pelerins aura pris l'Ihram du sacrifice, se fera raser, ou coupera ses cheveux, il vaut mieux qu'il se fasse raser, & revêtira ses habits.

Pour celui qui aura pris l'Ihram du pelerinage, il fera les tours & les saïs ci-dessus marqués, & gardera l'Ihram, jusqu'à ce qu'il ait été sur la montagne d'Arefat [1], qu'il y ait fait son sacrifice.

les deux endroits où, selon la tradition Musulmane, étoient posés les genoux d'Eve, quand Adam, trois cens ans après avoir été chassé du Paradis terrestre, la rencontra pour la premiere fois, & la connut au [illegible] mes de l'Ecriture sainte.

[1] Arefat est le nom que les Arabes donnent à la

le matin du jour du Baïram [1], & qu'il ait jetté les cailloux dont nous parlerons ci-après.

Le pelerin, après s'être fait raser &

montagne sur laquelle Adam & Eve se rencontrerent après avoir été chassés du Paradis terrestre. *Arefat*, mot Arabe, est le pluriel d'Aresé, qui veut dire *connoissance*, & donne son nom à cette montagne à cause de la reconnoissance d'Adam & d'Eve.

[1] Baïram. C'est le nom des deux seules fêtes que les Musulmans ayent dans leur Religion. Ce sont des fêtes mobiles, qui dans l'espace de trente-trois ans tombent dans toutes les saisons, & tous les mois de l'année; parce que l'année Musulmane est lunaire & avance tous les ans de onze jours. La premiere de ces fêtes arrive le premier de la lune qui suit celle de Ramadan, pendant laquelle est leur carême. Ce carême consiste à ne point boire ni manger, ni fumer, ni prendre du tabac, ni sentir des fleurs ou des essences, ni habiter avec leurs femmes depuis la petite pointe du jour qu'on peut distinguer un fil blanc d'avec un fil noir, jusqu'à ce que le soleil soit couché: il est libre alors de faire tout ce que dessus, & de n'observer aucune sorte d'abstinence.

Le second Baïram est celui dont il est question ici: il est fixé au soixante & dixiéme jour après le premier. C'est le plus solemnel. Quelques Européens prétendent le contraire, sans fondement, & regardent le premier comme plus solemnel, parce que terminant le carême de ces peuples, il est accompagné de plus de réjouissances.

avoir immolé ſa victime, ira voir ſes parens & ſes compagnons de voyage. Les tours ou proceſſions qu'il ſera après cela s'appellent les tours de la colonne : quand il les aura faits il remettra ſes habits.

Lorſque celui qui a pris l'Ihram du ſacrifice ſera entré à la Mecque, il ſera les tours, les ſaïs, les cérémonies & les prieres que nous avons rapportées, & revêtira ſes habits.

Le ſeptiéme jour il en ſortira pour aller à la vallée de Mina, où ſe font les ſacrifices. Après avoir pris l'Ihram du ſacrifice deſſous la goutiere du temple, il laiſſera ſes habits, & après avoir dormi dans la vallée de Mina, il ira à la montagne d'Areſat, où il reſtera depuis midi du neuviéme jour de la lune de Zilhiddgè, juſqu'au point du jour du lendemain dixiéme, qui eſt le jour du *Nahr* ou Sacrifice. Il ſera l'ablution, s'il peut, ce jour-là, & dira ſa priere ſans attendre que tout le monde la diſe : il ſuffit qu'une perſonne ait commencé de la faire ce jour-là.

A midi il fera la priere du Midi, & celle de l'Aſr [1] en même-tems. La meilleure poſition pour la faire eſt d'être au milieu des rochers auprès de l'Imam [2], le viſage tourné vers le Sud. [3]

Le pelerin, ſoit qu'il marche à pied ou à cheval, ſoit qu'il s'occupe à quelque choſe, doit toujours louer Dieu, le glorifier, le prier, faire profeſſion de ſon unité, & demander pardon de ſes péchés. Il ne jeunera point la veille de la fête, afin d'avoir plus de force pour prier Dieu. Il paſſera une partie de ce jour à prier Dieu, & l'autre à

[1] Asr. L'Asr des Arabes & l'Ikindy des Turcs qui eſt la même choſe, eſt le point qui diviſe le tems qui ſe trouve entre le midi & le ſoleil couchant : les Muſulmans ont une priere à faire à cette heure.

[2] L'Imam ou Curé Muſulman.

[3] Le Sud. Les Muſulmans en faiſant leurs prieres ſe tournent toujours vers le Sud, & poſent de ce côté la niche de leurs Moſquées, où ils tiennent le Coraan pour ſe tourner vers le temple de la Mecque, comme les Chrétiens vers Jeruſalem.

lui demander de connoître ſa ſainte volonté ſur lui.

Mahomet, ſur qui ſoient le ſalut & la paix de Dieu, a dit : La meilleure priere qu'on puiſſe faire la veille du Baïram, & la meilleure que j'aie faite moi & tous les autres Prophétes qui m'ont précédé, c'eſt celle-ci : *Il n'y a point d'autre Dieu que Dieu : il eſt ſeul, il n'a point de compagnon : c'eſt à lui qu'appartiennent la puiſſance & la louange : la vie & la mort ſont entre ſes mains : il eſt éternel, il eſt maître de tous les biens ; il eſt tout-puiſſant. Mon Dieu, faites-moi la grace d'être du nombre de ceux de la converſion deſquels vos Anges, qui approchent le plus près de vous, ſe réjouiſſent : Seigneur, vous entendez mes paroles ; vous voyez mon état ; vous ſçavez ce que j'ai de ſecret & de public ; & rien de ce qui me regarde ne vous eſt inconnu. Mon Seigneur & mon Dieu, ne permettez pas que je devienne mauvais : ſoyez-moi propice & faites-moi miſéri-*

corde, vous qui êtes le meilleur de tous les protecteurs ; vous qui êtes libéral & honorable par excellence.

Enſuite le pelerin demandera à Dieu ce qu'il voudra pour le ſpirituel & pour le temporel. Il dira : *Seigneur, pardonnez-moi les choſes que je me ſuis trop preſſé de faire, & celles dont j'ai trop reculé l'exécution ; oubliez mes péchés paſſés, & préſervez-moi d'en commettre le reſte de mes jours. Accordez-moi la ſanté juſqu'au terme que vous avez prédeſtiné de toute éternité pour ma mort. Faites-moi miſéricorde, quand vous me retirerez de ce monde, & béniſſez les biens que vous m'avez donnés, ô conſervateur des cieux & de la terre. Les voix des mortels ſe ſont élevées vers vous en différentes langues : accordez-moi mes beſoins. Le principal eſt que vous ayez pitié de moi dans ce monde trompeur, ſi ma famille & mes proches m'oublient. Seigneur, nous ſommes venus vers vous, vous êtes notre but dans ce voyage ; répan-*

dez sur nous vos richesses : je vous demande, Seigneur, ce que vous avez ; j'espere en votre miséricorde ; délivrez-moi des peines que vous réservez aux méchans : faites-moi la grace de revenir encore une fois visiter votre saint temple, vous qui possedez tout ce qu'on peut demander, & qui êtes le scrutateur des cœurs : je suis votre hôte, tous les hôtes ont un gîte : accordez-moi que votre Paradis soit le mien : récompensez ceux qui viennent ici ; donnez votre grace à ceux qui visitent ce saint lieu ; faites miséricorde à ceux qui vous en prient ; exaucez ceux qui vous font des demandes, & récompensez ceux qui esperent en vous & qui y cherchent un asyle. Je suis venu à votre temple sacré, je m'y suis arrêté pour en considerer les merveilles dans l'espérance d'obtenir les biens que vous possedez : ne frustrez point mon attente, & faites-moi miséricorde, vous qui êtes miséricordieux par excellence.

Alors si le pelerin se sent contrit

& que les larmes lui viennent aux yeux, c'est signe que Dieu exauce sa priere : il doit profiter de ce moment & le prier pour lui, pour ses freres, & pour les gens de sa connoissance.

Au soleil couchant il dira : *Seigneur, accordez-moi en récompense de ce pelerinage, d'en faire encore d'autres : gratifiez-moi d'un esprit droit, & faites prosperer toutes mes affaires : pardonnez-moi mes péchés, répandez votre bénédiction sur les biens que vous m'avez donnés, & sur toutes mes affaires, sur ma femme & sur mes enfans que je dois aller retrouver.*

Ensuite il priera le Prophéte, sur lequel soient le salut & la paix de Dieu, & s'en retournera doucement. Il sortira du temple avec modestie & gravité en faisant profession de l'unité de Dieu & de sa grandeur. Il dira : *Seigneur, vous avez répandu vos graces sur moi, vous m'avez délivré des peines & des tourmens, ô miséricordieux. Faites-moi retrouver tout ce que j'ai laiſſé en venant ici, ô bienfaiteur des bienfaiteurs.*

Après cela il demandera pluſieurs fois pardon à Dieu de ſes péchés juſqu'à ce qu'il aille au Mouzdèlèfè [1], où, deux heures après le coucher du ſoleil, il fera la priere du coucher du ſoleil, & celle qui ſe fait deux heures après, à l'heure de l'Achè, & dira: *Mon Dieu, qui êtes ſeigneur de ce ſaint temple, du puits de Zemzem* [2], *du Mekam* [3], *de ce pays ſacré, de cette illuſtre Ville, des Colonnes ci-deſſus mentionnées, de la montagne d'Arefat & des grandes merveilles, je vous prie d'accorder votre paix à notre ſeigneur Mahomet, & de permettre que nous lui adreſſions les prieres & les ſaluts les plus purs.* Il demandera enſuite au Prophéte ce qu'il aime le plus.

Le lendemain matin au chant du

[1] Mouzdèlèfè. C'eſt le nom d'une Moſquée qui eſt dans la campagne de la Mecque.

[2] Zemzem. Voyez la note ci-deſſus, pag. 13.

[3] Mekam ou Lieu d'Abraham. Voyez la note, p. 16.

coq

coq il fera ſa priere, & ira à la vallée de Mina; il ramaſſera ſoixante & dix petits cailloux pour jetter ſur ſon chemin. Quand il ſera à Djemret [1] el aakbè, il en jettera ſept en diſant chaque fois: *Dieu eſt grand.* Le lendemain de grand matin il fera un ſacrifice dans la vallée de Mina, & ſe raſera ou coupera les cheveux: alors tout ce qui lui étoit défendu lorſqu'il portoit l'Ihram, lui ſera permis, excepté l'uſage des femmes.

Il entrera à la Mecque le même jour, ou le lendemain & ſur lendemain: le premier jour il ira au temple & y fera ſept tours: ces tours s'appellent les tours de la colonne, & les tours de la viſite.

Enſuite il retournera à la vallée de

[1] Djemret el Aakbe. Ce ſont les endroits où, ſelon la tradition Muſulmane, le Diable apparut à Abraham, à Agar & à Iſmaël, pour les détourner du ſacrifice que Dieu avoit ordonné à Abraham de lui faire de ſon fils. Les pelerins y jettent des pierres en maudiſſant le Diable. La même tradition porte qu'Abraham reçut ordre de ſacrifier Iſmaël & non pas Iſaac.

Mina pour y passer la nuit. Quand il verra le soleil prêt de se coucher, le jour de la fête, il ira jetter les petits cailloux ci-dessus aux trois endroits où le Diable apparut à la famille d'Abraham, en commençant par la pierre qui est auprès du temple ruiné. A chaque endroit il jettera sept cailloux en disant, à chaque caillou qu'il jettera : *Dieu est grand.* Il répétera cette cérémonie le second, le troisiéme & le quatriéme jour. Il peut se dispenser de la faire le troisiéme jour. S'il veut la faire, il prendra vingt-un cailloux de plus que les soixante & dix. Dieu a dit qu'il n'y a point de péché à se presser & à retarder de faire ces choses.

Le pelerin retournera ensuite à la Mecque, & y fera les tours de l'adieu. Ils sont méritoires sans être d'obligation. On peut se dispenser de faire les choses qui ne sont que méritoires, en sacrifiant un mouton : quand le pelerin aura fait toutes ces choses, son pelerinage sera fini.

Cependant il ira au puits de Zemzem [1], boira de ſon eau & s'en lavera le viſage. De-là il ira au Moltezem [2], & y frottera ſes jouës. Il appuyera ſa poitrine contre le temple, & ſe ſuſpendra au rideau en demandant à Dieu ce qu'il aimera davantage. Il dira : *Mon Dieu, faites-moi la grace que ce ne ſoit pas aujourd'hui la derniere fois que je viſite votre ſainte Maiſon ; vous êtes tout-puiſſant. Seigneur, vous m'avez fait la grace de venir ici dans votre pays où vous m'avez protégé ; vous m'avez accordé toutes les graces néceſſaires pour accomplir les cérémonies de votre pelerinage. Si vous êtes content de moi, rendez-moi auſſi content : & ſi vous ne l'êtes pas, je vous aſſûre, avant mon départ d'ici, que je vous préfere, vous & votre ſaint Temple, à toutes les choſes du monde : vous êtes vous & lui l'unique objet de mes deſirs. Seigneur, accordez-moi la*

[1] ZEMZEM. Voyez la note, pag. 13.

[2] MOLTEZEM. Voyez la note, pag. 20.

ſanté & la grace de ne point errer dans la foi : changez en bien les maux dont je ſuis menacé ; enrichiſſez-moi de votre obéiſſance pendant toute ma vie : comblez-moi des biens de ce monde & de l'autre : car vous êtes tout-puiſſant.

Quand le pelerin partira de la Mecque, il obſervera de ne point lever les yeux de deſſus le temple, juſqu'à ce qu'il ne puiſſe plus abſolument le voir.

Pelerinage de Medine.[1]

Le Prophéte Mahomet, ſur qui ſoient le ſalut & la paix de Dieu, a dit : Celui qui me viſitera après ma mort, c'eſt comme s'il m'avoit viſité pendant ma vie : celui qui viendra à la Mecque ſans me viſiter, m'affligera

[1] Medine ou Iatreb en Arabie dans la province d'Hagiaz. Medinè, en Arabe, veut dire une ville. Les Muſulmans appellent celle-ci ville par excellence, & ne la nomment jamais ſans y ajouter l'épithéte de noble, comme ils ajoutent celle d'illuminée à la Mecque.

& me fera injure : celui qui viendra uniquement pour me visiter, sans avoir d'autre affaire, sera véritablement selon Dieu, & j'intercéderai pour lui.

Si le pelerin, après avoir été à la Mecque, veut aller à Medine, il aura soin tout le long du chemin de multiplier les prieres qu'il adressera au Prophéte, sur qui soient la paix & le salut de Dieu. Sitôt qu'il découvrira les murailles, les arbres & les pierres de la noble Medine, il dira: *Seigneur, voici la sacrée maison de votre Prophéte & de votre Envoyé Mahomet, sur qui soient votre salut & votre paix. Faites-moi la grace qu'elle me soit une sauve-garde contre le feu, les peines éternelles, & le terrible compte que j'aurai à vous rendre au jour du Jugement.*

Avant d'entrer à Medine, le pelerin fera son ablution, s'il peut avoir de l'eau. Il mettra ses plus beaux habits, & entrera dans la ville avec modestie, humilité & vénération. Il dira: *Au nom de Dieu clément & miséricor-*

dieux, le salut & la paix de Dieu soient sur la Nation du Prophéte[1]*. Seigneur, faites-moi la grace d'entrer & de sortir de ce lieu avec toute la décence requise, & en récompense de cette visite, faites que je sois honoré & puissant.*

En entrant dans la Mosquée, il observera d'entrer du pied droit, & dira: *Mon Dieu, pardonnez-moi mes péchés, & ouvrez-moi les portes de votre miséricorde par votre miséricorde.* Il ira au Ravdat el kerimè[2], & y fera deux inclinations à côté de la chaire du Prédicateur, s'il peut; ou dans un autre endroit, pour saluer la Mosquée. De-là il ira à la chambre du Prophéte, que les prieres & les saluts les plus purs soient sur celui qui l'a habitée, & se tournera vers le Sud.

Ensuite il ira au tombeau du Pro-

[1] Nation du Prophete. Ce sont les Musulmans qui appellent Mahomet le Prophéte par excellence.

[2] Ravdat el kerime. C'est un prétendu morceau de terre du Paradis terrestre, dont les Musulmans croient que Dieu a fait présent à Mahomet.

phéte, ſur lequel ſoient la paix & la bénédiction de Dieu, mettra ſa tête ſous la lampe qui eſt au-deſſus, mais ne baiſera point les murailles. Il dira:

Le ſalut ſoit ſur vous, Mahomet.

Le ſalut ſoit ſur vous, Envoyé de Dieu.

Le ſalut ſoit ſur vous, élû de Dieu,

Le ſalut ſoit ſur vous, ami de Dieu.

Le ſalut ſoit ſur vous, perſonnage très-louable.

Le ſalut ſoit ſur vous, favori de Dieu.

Le ſalut ſoit ſur vous, diſtributeur des graces.

Le ſalut ſoit ſur vous, mon Imam.

Le ſalut ſoit ſur vous, dernier des Prophétes.

Le ſalut ſoit ſur vous, porteur de bonnes nouvelles.

Le ſalut ſoit ſur vous, Apôtre.

Le ſalut ſoit ſur vous, le plus honorable des enfans d'Adam.

Le ſalut ſoit ſur vous, Prince des envoyés de Dieu.

Le ſalut ſoit ſur vous, ſceau des Prophétes.

Le ſalut ſoit ſur vous, Envoyé du maître des deux mondes.

Le ſalut ſoit ſur vous, ſur votre poſtérité, ſur vos amis & vos chaſtes femmes, qui ſont les meres des vrais Croyans.

Je vous fais des remerciemens plus grands que ceux qu'ont fait à Dieu un Prophéte pour ſa nation, & un Apôtre pour ſa tribu. Que la paix de Dieu ſoit ſur notre ſeigneur Mahomet, ſoit que l'on en faſſe mention dans ſes prieres, ou que l'on y manque. Je profeſſe, ô envoyé de Dieu, que l'apoſtolat vous a été donné, que vous avez ſemé la vraie foi, que vous avez donné des conſeils ſalutaires aux Nations; que vous avez dévoilé les obſcurités, & que vous avez marché ſi droit dans les voies du Seigneur, qu'il vous a gratifié de la ſcience certaine.

Nous ſommes venus vous viſiter en troupe, ô Envoyé de Dieu, des pays *les plus éloignés, pour exécuter vos commandemens. Je vous salue, & vous prie d'interceder pour moi auprès de Dieu : car mes fautes sont grandes & mes péchés en grand nombre : mais vous êtes un intercesseur qui obtenez tout ce que vous demandez.*

Dieu a dit : Si les hommes après avoir péché me demandent pardon, & que mon Envoyé intercede pour eux, ils me trouveront tout miséricordieux.

Je suis venu ici chargé de péchés, intercédez pour moi auprès de Dieu, & obtenez-moi de lui la grace de mourir dans votre loi, & de resusciter en votre compagnie : Intercession, intercession, intercession, ô Envoyé de Dieu! Si le pelerin ne peut pas dire tout ce que dessus, il dira seulement : *Le salut soit sur vous, ô Envoyé de Dieu :* & cela suffira.

Ensuite il reculera l'espace d'un pic[1]

[1] Pic. C'est le nom de la mesure dont on se sert en Turquie & en Arabie pour les draps & les étoffes : elle a vingt-cinq pouces de longueur.

à sa droite, & saluera Aboubekr le juste, successeur de l'Envoyé de Dieu, sur qui soient le salut & la paix de Dieu : la tête d'Aboubekr est à côté des épaules du Prophéte, sur qui soient le salut & la paix de Dieu. Le pelerin lui dira :

Je vous salue, successeur de l'Envoyé de Dieu & son compagnon dans ses expéditions & dans ses voyages.

Le salut soit sur vous qui avez été l'enseigne & l'étendart de ceux qui ont accompagné le Prophéte dans ses guerres & dans sa fuite[1].

Le salut soit sur vous, confident de l'Envoyé de Dieu, sur qui soient le salut & la paix.

Je témoigne que vous ne vous êtes pas égaré de ses voies ni de sa loi, que vous avez toujours suivi la justice &

[1] FUITE. L'Auteur entend ici par la fuite de Mahomet, le tems auquel il se retira de la Mecque pour éviter la persécution des Coraïchites. Cette fuite est devenue fameuse parce qu'elle est l'époque de l'Ere Mahométanne. Elle arriva l'an de grace six cent vingt-deux.

la vérité, que vous avez assisté les veuves & les orphelins, & accompli les œuvres de pitié. Dieu vous récompense pour nous, pour son Envoyé, & pour tous les autres Prophétes. Seigneur, faites-moi la grace de mourir dans l'amitié d'Aboubekr, & de me trouver au jour de la résurrection avec lui & avec votre Prophéte Mahomet, sur lequel soient votre paix & votre bénédiction.

Après cela le pelerin reculera encore l'espace d'un pic jusqu'à ce qu'il arrive à la tête du Commandant des vrais Croyans, Omar ibn el khitab, dont Dieu soit satisfait. Sa tête est à côté des épaules d'Aboubekr le juste, dont Dieu soit satisfait. Il le saluera de la main, en disant :

Le salut soit sur vous, personnage du plus parfait discernement, du bras duquel Dieu s'est servi pour étendre la foi : Dieu soit parfaitement satisfait de vous. Ensuite il retournera sur ses pas l'espace d'un demi pic, s'arrêtera entre les têtes d'Aboubekr & d'Omar,

& dira : *La ſalut ſoit ſur vous deux qui avez dormi dans la compagnie du Prophéte, ſur lequel ſoient la bénédiction & la paix de Dieu. Le ſalut ſoit ſur vous deux, amis de l'Envoyé de Dieu, ſur lequel ſoient la paix & la bénédiction de Dieu. Nous ſommes venus viſiter notre Prophéte*[1], *notre Modéle*[2] *de juſtice, & le mortel du plus parfait Diſcernement*[3]. *C'eſt par votre canal que nous nous adreſſons à l'Envoyé de Dieu, ſur lequel ſoient ſa paix & ſa bénédiction.*

Le pelerin, après cette oraiſon, priera pour ſa propre perſonne, pour ſes pere & mere, & pour tous les Muſulmans & Muſulmannes. Il demandera ce dont il a beſoin, & finira par prier Dieu pour le Prophéte, ſur lequel ſoient ſa paix & ſa bénédiction. Enſuite il ira demeurer quelque tems auprès de la tête du Prophéte, ſur

[1] MAHOMET.
[2] ABOUBEKR.
[3] OMAR.

lequel ſoient la paix & la bénédiction de Dieu, ſe tournera vers le Sud, & fera ſa priere dans cette poſition. Il récitera ces paroles de Dieu : *Si les hommes après avoir péché me demandent pardon, & que mon Envoyé intercéde pour eux, ils me trouveront prêt à recevoir leur pénitence & à leur faire miſéricorde.*

De-là il ira à l'Iſtiouanè [1], à la porte duquel il retiendra ſon haleine. L'Iſtiouanè eſt entre le tombeau & le Ravdat [2] : là, il demandera à Dieu ce qu'il voudra.

Le pelerin doit aller viſiter tous les endroits remarquables, & entr'autres le tombeau du Prince des vrais croyans Oſman [3] fils d'Uffan ; celui

[1] ISTIOUANE. C'eſt le nom d'une place dans laquelle Mahomet ſe mettoit ordinairement pour faire ſa priere.

[2] RAVDAT. Voyez la note, pag. 38.

[3] OSMAN FILS D'UFFAN. C'eſt le troiſiéme Calife ou ſucceſſeur de Mahomet. Ce Prince qui étoit grand, magnifique, libéral, & attaché à ſa Religion, mourut cependant d'une mort violente, ayant été tué dans une

d'Abbas [1] oncle de l'Envoyé de Dieu, ſur qui ſoient ſa paix & ſa bénédiction; celui d'Haſſan fils d'Aly, & celui de ſon fils Djaafer Eſſadic.

On voit auſſi dans le même endroit le tombeau d'Ibrahim fils du Prophéte, ſur qui ſoient la paix & la bénédiction de Dieu, ceux de quatre [2] des femmes du Prophéte; celui de Malek [3] fils d'Uns, dont Dieu ſoit ſatisfait, & pluſieurs autres lieux dignes de vénération.

Avant de partir pour ſon pays, le pelerin retournera au tombeau du

révolte des ſiens, ſuſcitée, ſuivant le ſentiment le plus reçu, par Aly gendre de Mahomet, qui avoit été ſon compétiteur au Califat, & qui lui ſuccéda.

[1] ABBAS. Célébre Docteur & Capitaine du Muſulmaniſme. Aboul Abbas Safa, un de ſes petits-fils, a commencé cent ans après ſa mort, la dynaſtie des Califes Abbaſſites.

[2] FEMMES. Outre les quatre femmes dont les tombeaux ſe trouvent dans la Moſquée de Medine, Mahomet en a eu ſelon quelques Auteurs vingt & une. Ceux qui lui en donnent le moins lui en donnent onze.

[3] MALEK FILS D'UNS, eſt le chef d'une des quatre principales Sectes orthodoxes du Muſulmaniſme.

Prophéte, ſur qui ſoient la paix & la bénédiction de Dieu. Il y multipliera ſes prieres & la demande du pardon de ſes péchés; il fera l'aumône à ceux qui demeurent aſſiduement dans le temple pour y prier, & demandera à Dieu ce qu'il ſouhaite le plus : il priera pour tous les fidéles Muſulmans & Muſulmannes vivans & morts. La paix de Dieu ſoit ſur notre ſeigneur Mahomet, ſur ſa famille, ſur ſes amis, ſur ſes femmes, ſur ſes deſcendans, ſur ceux qui l'ont accompagné dans ſes expéditions, ſur ceux qui ont vécu en ſa compagnie : des ſaluts ſans nombre ſoient ſur eux juſqu'au jour du Jugement dernier.

CATE-

CATECHISME
MUSULMAN,

TRADUIT de l'Arabe du Cheïkh ou Docteur Aly fils d'Iaakoub.

PRÉFACE.

Au nom de Dieu clément & miséricordieux.

EN commençant ce petit Poëme par le nom de Dieu, il ne peut manquer d'être parfait : au lieu qu'en oubliant de mettre ce nom ſacré à la tête de l'ouvrage, il eſt à préſumer qu'il aura un mauvais ſuccès. Implorons donc le ſecours de cet Eſtre ſuprême : glorifions ſon divin nom : il a précédé toutes choſes : il eſt tout-puiſſant : il récompenſe le bien & punit le mal. Tout eſt périſſable, il n'y a que lui de permanent : c'eſt lui qui a créé & qui conſerve tout ce qui exiſte. Il n'y a rien dans le ciel & ſur la terre qui ne lui doive ſon origine : tout lui doit être ſoumis. Nous ſommes obligés de lui rendre nos hommages.

Il nous a parlé par la bouche de ſes ſerviteurs : ils nous a envoyé des livres[1];

[1] LIVRES. Les Muſulmans reconnoiſſent quatre li-

marchons dans le chemin qu'il nous a ordonné de ſuivre : ſoumettons-nous à lui. Quiconque ſera rebelle à ſes ordres s'égarera & ſe perdra. Venez, accourez tous : chargeons-nous de ſes chaînes & obéiſſons-lui comme ſes eſclaves : exécutons ce que ſon Prophéte nous a ordonné. Nous avons un Dieu bienfaiſant. Nous avons pour modéle Mahomet qu'il a élû par une grace ſpéciale. C'eſt le plus excellent & le plus parfait de tous les Prophétes : il en eſt le ſceau & le chef. Il nous a découvert la loi & nous a montré le vrai chemin : faiſons-lui ſans ceſſe des prieres & des ſalutations : honorons & ſaluons continuellement ſes amis & ſes deſcendans.

SUJET DE CE LIVRE.

Entrons en matiere après avoir invoqué le ſecours de Dieu, & célébré les louanges de ſon Prophéte.

vres autentiques qu'ils diſent avoir été envoyés ou inſpirés par Dieu : ſçavoir, la Loi de Moyſe ou Pentateuque, le Pſeautier, l'Evangile, & l'Alcoran. Un de leurs ſermens eſt de jurer par la vérité de ces quatre Livres.

C'eſt pendant le cours de la lune de Zil-kaadé de l'an 1049 * *de l'Hegyre, qu'il m'eſt venu en penſée de compoſer cet ouvrage, qui n'eſt à proprement parler qu'un abrégé.*

La foi Muſulmanne conſiſte dans l'ablution † *légale, la priere, le pelerinage de la Mecque, & le jeûne ou carême, qui s'obſerve pendant la lune de Ramadan. On eſt obligé de faire ce qui eſt d'ordonnance divine : pour ce qui eſt d'imiter Mahomet, & de ſuivre les conſeils qu'il donne, ce ſont des actes de dévotion qu'on n'eſt pas néceſſairement tenu de pratiquer. Comment ſe mettre au fait de tout ceci ? je vas l'expliquer, afin qu'on puiſſe l'apprendre aiſément.*

J'ai arrangé tous ces préceptes par ordre, & les ai mis en vers, afin qu'on les retienne plus facilement. Nos peres ont dit qu'on a toujours reçu les excu-

* 1049. L'an de l'Hegyre 1049 revient à l'an de grace 1639.

† L'ABLUTION LEGALE. Voyez chap. 3. pag. 59.

ſes des Auteurs : l'homme doit faire des efforts ſur lui-même pour ſe faire un nom ; mais il vaut mieux qu'il ſe taiſe, que de dire des choſes inutiles. Quand j'ai entrepris cet ouvrage, je me ſuis borné à faire un abrégé de Fakhi : j'y ai donné tous mes ſoins, & employé tout mon talent : j'ai arrangé ſimplement le précis de ce que dit Fakhi. O mon Dieu, ne ſe trouvera-t-il perſonne qui faſſe faire à ce précieux Livre une couverture de brocard ? Je l'ai diviſé en huit Chapitres pour lui donner une reſſemblance avec les † huit portes du Paradis. Grand Dieu, dirigez votre eſclave dans cet ouvrage : & faites-lui la grace de ne pas s'écarter du droit chemin.*

* FAKHI eſt le nom d'un Auteur qui a fait un Catéchiſme fort ample de la Religion Muſulmanne.

† Les Muſulmans diſent que le Paradis a huit portes qui introduiſent à huit différens degrés de béatitude, & que l'enfer n'en a que ſept, pour montrer que la clémence de Dieu l'emporte ſur ſa juſtice.

CATECHISME *MUSULMAN.*

CHAPITRE PREMIER.

De la Foi.

LA Secte de Nuuman [1] abou Hanifé, est purement & simplement comme je vas le dire ci-dessous : comprenez le bien.

Si quelqu'un vous interroge sur la foi, & vous demande quels en sont les devoirs & les obligations, répondez-lui de bouche :

[1] NUUMAN abou Hanifé, ou pere de Hanifé, natif de Coufa en Chaldée, est le plus célébre des Docteurs Musulmans orthodoxes : il tient le premier rang entre les quatre chefs des Sectes particulieres que l'on peut suivre indifféremment. Voyez d'Herbel.

1°. Que vous croyez ſincerement & de tout votre cœur, & que vous aſſurerez toujours que Dieu eſt un; qu'il n'a point de ſemblable; qu'il eſt arbitre ſouverain; qu'il n'a point de miniſtre; qu'il n'a été engendré de perſonne, & qu'il n'a engendré perſonne; qu'aucun mortel n'a pu parvenir à connoître ſon eſſence divine; que le bien & le mal procedent de lui, mais qu'il ne conſent nullement au mal.

2°. Avancez ſans rien craindre que c'eſt par ſon ordre qu'ont été créés tous les Anges qui ſont dans le ciel & ſur la terre. Les uns ſont courbés & les autres proſternés devant lui: ils ont chacun leurs fonctions. Ils ſe portent d'eux-mêmes à exécuter avec toute la ponctualité poſſible le moindre de ſes commandemens comme le plus grand.

3°. Dites que ce Dieu très-haut nous a envoyé des Livres [1] qui ſont

[1] Le Pentateuque, le Pſeautier, l'Evangile, & l'Alcoran, comme nous l'avons déja dit.

tous purs & remplis de vérité, & que ceux qui le nient sont infidéles.

4°. Soutenez que ses Envoyés & ses Prophétes sont des guides surs du chemin du salut : dites que vous assurez toutes ces choses, & que vous n'avez pas la moindre envie d'en nier une seule.

5°. Affirmez qu'au jour du jugement les hommes seront interrogés & répondront sur toutes leurs actions. Croyez tout cela & n'ayez point de doute sur aucun de ces articles.

6°. Sçachez que le bien & le mal arrivent par l'ordre de Dieu.

CHAPITRE II.

De la Religion ou obéissance aux préceptes divins.

SI l'on vous demande ce que c'est que la Religion, répondez d'abord que vous croyez de tout votre cœur qu'il n'y a point d'autre Dieu que Dieu, & que les obligations de la Religion ſont de faire la priere; d'être abſolument pur quand on la fait, & de n'y point manquer; de jeûner pendant la lune de Ramadan; de donner le quarantiéme de ſes biens aux pauvres, pourvû cependant qu'on ait à part vingt-cinq écus dont on puiſſe ſe paſſer pendant un an, ou deux cens deniers & cinq chameaux.

Voilà quatre devoirs de la Religion: le cinquiéme eſt de faire le pelerinage de la Mecque: c'eſt un des points de la Loi, à condition qu'il n'y ait point d'impoſſibilité à l'exécuter.

Tels ſont les points de la Religion qu'il faut que les grands & les petits ſçachent. Au reſte il ne ſert de rien de les ſçavoir, ſi on ne les pratique de cœur & de bouche. La ſcience ſans les œuvres reſſemble à un arbre ſans fruit. Acquittez-vous de tous ces devoirs exactement, ô mon ami: employez toute votre ſcience à vous faire dans le Ciel un tréſor de mérites. O mon Dieu, votre grace est infinie & éternelle : accordez-nous-la à tous, afin que nous sçachions & que nous pratiquions ces choses.

CHAPITRE III.

De la pureté qui provient de l'Ablution légale.

O Vous, qui que vous soyez, qui vous préparez à la priere, ayez soin avant toute chose de vous bien purifier : quand vous purifierez l'extérieur, Dieu purifiera l'intérieur. Nettoyez-vous le corps en faisant une ablution générale : si vous ne trouvez pas d'eau, dirigez votre intention, & faites votre ablution avec du sable.

Il y a trois sortes d'ablutions : je vas les décrire toutes trois.

La premiere est celle à laquelle on est obligé.

La seconde, celle qu'on fait à l'imitation de Mahomet.

La troisiéme enfin, est celle de dévotion.

Il faut, quand vous faites l'ablution & la priere, vous recueillir & être dans une posture humble. Le premier compte que vous aurez à rendre au jour du Jugement, dans lequel tout ce qu'il y a de plus secret sera révélé, sera celui de la priere : ne manquez jamais de la faire, & quand vous la faites, n'y omettez aucune des conditions requises pour la bien faire, afin de n'être point humilié dans ce grand jour.

DE L'ABLUTION, que nous partagerons en quatre.

ARTICLE PREMIER.

Quatre choses sont d'obligation dans l'ablution ordinaire que l'on fait tous les matins & tous les soirs, dans le jour & dans la nuit ; sçavoir, de se laver

1°. Les mains.

2°. Le visage.

3°. Les bras jusqu'aux coudes.

4°. De se frotter sur le crâne la quatriéme partie de la tête.

C'est ainsi que nous l'ont appris les compagnons du Prophéte.

ARTICLE II.

Des pratiques de dévotion dans l'Ablution.

On peut pratiquer dans l'ablution dix actes de dévotion que faisoit Mahomet : je vas vous les expliquer l'un après l'autre.

Le premier est de dire : *Au nom de Dieu clément & miséricordieux.*

Le second est de se laver les mains avant de commencer l'ablution.

Le troisiéme, de se nettoyer les dents avec un cure-dent.

Le quatriéme, de se gargariser la bouche.

Le cinquiéme, de se nettoyer les oreilles.

Le ſixiéme, de ſe laver les endroits que la pudeur ordonne de cacher.

Le ſeptiéme, de ſe laver tout le corps trois fois.

Le huitiéme, de ſe nettoyer l'entre-deux des doigts des pieds.

Le neuviéme, de ſe peigner la barbe avec les doigts.

Le dixiéme, de renifler de l'eau.

Voilà proprement & abſolument tous les actes de dévotion qu'on peut pratiquer d'après le Prophéte dans l'ablution. Prenez bien garde qu'aucun des endroits de votre corps qui doivent être lavés ne reſte ſec.

ARTICLE III.

Des choſes qui ſont méritoires dans l'ablution.

Il y a, mon cher ami, ſix actes méritoires dans l'ablution : c'eſt ainſi que le porte la Tradition.

Le premier eſt de diriger ſon intention.

Le ſecond, de ſe laver avec ordre ; ſçavoir, 1°. les mains juſqu'aux poignets : 2°. le viſage : 3°. les bras juſqu'aux coudes : 4°. le ſommet de la tête : 5°. les pieds juſqu'à la cheville.

Le troiſiéme, de commencer par ſe laver le côté droit avant le gauche, & de ſe purifier entierement en louant & béniſſant Dieu.

Le quatriéme, d'obſerver, avant que l'endroit que l'on lave ſoit ſec, de commencer à en laver un autre.

Le cinquiéme, de ſe frotter la tête.

Le ſixiéme enfin, de ſe frotter le col.

ARTICLE IV.

De ce qui rompt l'ablution, & en empêche les effets.

Si vous avez quelque ordure ou ſaleté ſur quelque partie de votre corps, ſoit derriere ou devant, cela nuira ſans contredit à votre ablution. Si vous avez quelque playe d'où il coule du ſang ou autre matiere, cela y fera le même tort : comme aussi s'il vous arrive de vomir, de faire quelque éclat de rire, quelque folie, ou de vous évanouir. Ne dites pas qu'éternuer ou rotter, en vous lavant, soit capable de rendre vaine l'ablution ; mais elle devient nulle, quand on se porte de l'eau à la bouche avec la main gauche, quand en se lavant le visage on y jette l'eau avec une telle précipitation qu'elle claque dessus, quand on crache dans l'eau ou qu'on s'y mouche, quand on jette les yeux sur des endroits que la pudeur ne permet pas de nommer, ou qu'on parle de dedans les commodités.

CHAPITRE IV.

De l'Ablution générale, ou de tout le corps.

ARTICLE PREMIER.

IL y a dans l'ablution générale trois choſes d'obligation : écoutez, & retenez-les bien ; c'eſt de vous laver la bouche, le nez & les endroits qui ſont d'obligation.

ARTICLE II.

Des actes de dévotion qui ſe peuvent pratiquer dans l'Ablution générale.

Cinq actes de dévotion peuvent être pratiqués dans l'ablution générale.

Le premier eſt de faire l'ablution particuliere, afin d'être net.

Le ſecond, de ſe laver trois fois tout le corps.

Le troiſiéme, de ſe nettoyer parfaitement les endroits que l'honnêteté défend de montrer.

Le quatriéme, de se bien laver les mains ; c'est par où l'on doit commencer.

Le cinquiéme, si les cheveux que l'on a à la tête sont tressés, d'en laver le bout sans les détresser : c'est ainsi que nous l'ont appris les Sçavans.

ARTICLE III.

De la quantité d'eau qu'il faut pour faire l'Ablution.

Ne prodiguez ni votre ame ni vos biens : observez la défense expresse qui vous en est faite dans le Coraan. La dissipation de vos biens & de votre ame étant un péché, ne vous imaginez pas que la dissipation de l'eau soit permise. Fakhy a traité cette matiere fort au long : je vais vous en donner la substance.

Il faut pour l'ablution simple un

Batman [1] & demi d'eau, & quatre batmans pour l'ablution générale. Vous employerez d'abord à l'ablution simple un demi-batman pour vous laver par devant & par derriere, un autre demi-batman à vous laver les mains & le visage ; & encore un demi-batman avec lequel vous vous nettoyerez les pieds : ceci est pour l'ablution simple.

Faites de même à proportion pour l'ablution générale : employez deux batmans & demi d'eau jusqu'à la tête, & un batman & demi pour l'ablution simple qu'il faut faire avant la générale, comme je vous l'ai marqué ci-dessus : au reste vous ne prendrez ces précautions pour la mesure de l'eau, que quand il n'y en aura que dans une cruche dans la maison où vous vous trouverez : car si vous étiez au bord de la mer, il n'y auroit point de mal à en faire de dissipation.

[1] BATMAN. Le Batman est un poids de quatre livres & demie.

ARTICLE IV.

Des choſes qui obligent à faire l'Ablution générale.

O vous, qui voulez ſçavoir la Loi, ne ſoyez point pareſſeux : ne négligez point de demander tout ce qu'il eſt néceſſaire d'apprendre à ce ſujet. Si vous avez honte de le demander aujourd'hui, quelle réponſe ferez-vous demain à Dieu quand il vous fera rendre compte ?

Cinq choſes obligent l'homme & la femme à faire l'ablution générale :

1°. Quand les maladies périodiques d'une femme ſeront interrompues, & qu'elle ne ſçaura pas préciſément dans quel tems elles doivent ceſſer ; alors, en faiſant l'ablution générale, elle ſera toujours pure ; il faut qu'elle la faſſe toutes les fois qu'elle voudra faire ſa priere.

2°. Quand ſes maladies périodiques l'auront abſolument quittée.

3°. Lorsqu'elle aura passé depuis ses couches, les quarante jours prescrits par la Loi, elle sera obligée de faire l'ablution générale : comprenez-le bien.

Les deux autres points concernent différentes especes d'impuretés, pour l'expiation desquelles il est ordonné de faire l'ablution générale, ou sur le champ ou du moins avant la priere ; l'honnêteté de notre langue n'a pas permis de traduire le texte.

CHAPITRE V.

De la façon de diriger son intention lorsque, faute d'eau, on est obligé de faire l'ablution avec de la poussiere.

TROIS choses sont d'ordonnance divine dans l'ablution qu'on fait avec de la poussiere ; écoutez-les avec attention. Ce sont la volonté, l'intention, & le desir de se laver, faute d'eau, avec de la terre, mais de la terre qui ſoit abſolument propre. Vous frapperez d'abord avec vos deux mains ſur cette terre, puis vous les leverez, & vous en frotterez le viſage. Vous appuyerez encore une fois vos deux mains à plat ſur cette terre, & vous frotterez vos bras : c'eſt là le principal : cette ablution eſt annullée par tout ce qui empêche l'effet de l'ablution ordinaire.

Si, étant en chemin pour vous rendre dans un endroit éloigné, vous faites votre priere, après avoir fait l'ablution avec de la terre, il faut vous laver avec de l'eau, auſſitôt que vous en rencontrerez, ſans quoi l'ablution précédente, que vous avez faite avec de la terre, ſeroit nulle.

Si, quand l'heure de la priere eſt venue, vous vous trouvez éloigné d'un mille de l'eau la plus proche, vous pouvez faire l'ablution avec de la terre, mais s'il n'y a pas un mille de chemin, cela ne vous eſt pas permis.

CHAPITRE VI.

De la Priere, partagée en quatre Articles.

ARTICLE PREMIER.

PRETEZ l'oreille, & écoutez attentivement ce que j'ai à vous dire de la Secte de Nuuman abou-Hanifé: je vais vous en découvrir la substance, & vous en expliquer les principaux points.

Il y a dans la priere douze choses d'ordonnance divine. Six de ces choses se font hors de la priere, & les six autres pendant le cours de la priere.

Celles qui se font hors de la priere sont:

1°. De diriger son intention.

2°. De dire: *Dieu est grand.*

3°. De se purifier.

4°. De se tourner du côté du Sud où sont la Mecque & Medine.

5°. De faire sa priere dans un endroit net & propre.

6°. De couvrir avec soin ce que la pudeur défend de découvrir.

Celles qui se font pendant le cours de la priere sont :

1°. De se lever.

2°. De réciter quelque chose du Coraan.

3°. De s'incliner.

4°. De se prosterner.

5°. De s'asseoir à la fin de la priere.

6°. Quand on l'a finie, de donner le salut à sa droite & à sa gauche.

Moyennant tout cela la priere sera parfaite.

ARTICLE II.

Des choses nécessaires dans la Priere.

Sept choses sont nécessaires dans la priere : c'est ainsi que les Docteurs de la Loi nous l'ont appris.

Il faut d'abord dire le Fateha [1], &

[1] FATEHA. Le Fateha est le premier Chapitre du

réciter quelque chose du Coraan pendant les deux premieres inclinations: pendant les deux dernieres, on dit seulement le Fateha. La coutume est aussi de réciter quatre versets du Coraan, soit à l'imitation de Mahomet, soit par un pur acte de dévotion; deux de ces versets se récitent de façon à être entendus, & les deux autres à basse voix; ce sont là les obligations de la priere.

La pause qui se fait au commencement, & l'action de s'asseoir à la fin, sont également d'obligation. Il est aussi nécessaire, dans la priere que l'on fait une heure & demie après le coucher du soleil, de réciter un verset du Coraan. Un des principaux devoirs est

Coraan: c'est une priere aussi commune chez les Musulmans, que l'oraison Dominicale chez les Chrétiens: les Musulmans disent le Fateha au commencement de leurs prieres, à leurs mariages, en commençant quelque entreprise, & généralement dans toutes les occasions où ils veulent implorer le secours de Dieu: on en trouvera la traduction dans mon Recueil des Rits & Cérémonies du Pelerinage de la Mecque, p. 6.

d'être recueilli, & dans une poſture modeſte : ceux qui voudront rechercher ces choſes en ſeront inſtruits. La priere dont nous avons parlé en dernier lieu, eſt d'une obligation plus étroite aux deux Baïrams [1].

ARTICLE III.

De l'obligation de ſe proſterner quand, par malheur, on a manqué à quelque choſe dans la priere.

Traitons auſſi de l'obligation que l'on contracte de ſe proſterner, quand on manque à quelque choſe dans la priere : découvrons-en les différentes difficultés.

Quand quelqu'un differe de faire ſa priere, ou qu'en la faiſant il manque

[1] BAÏRAM. C'eſt le nom des deux ſeules fêtes que les Muſulmans ayent dans leur Religion. La premiere eſt le premier de la lune de Chewal qui ſuit celle de Ramadan, pendant laquelle eſt leur carême : & la ſeconde qui eſt la plus ſolemnelle, le dixiéme de la lune de Zil-hiddgè, ſoixante & dix jours après la premiere.

à quelqu'une des obligations dont nous avons parlé ci-dessus, il faut qu'il se prosterne une fois de plus qu'à l'ordinaire : sans quoi sa priere, qui sera défectueuse, ne sera point valide. Il suffit qu'il se prosterne une fois, quand même il auroit manqué deux ou trois fois : pour cet effet, quand sa priere sera finie, il donnera d'abord le salut à sa droite, puis se prosternera, & ensuite il saluera à sa gauche.

Si l'Imam [1], pour avoir manqué à quelque chose dans sa priere, est dans le cas de se prosterner, les personnes qui ont fait leur priere avec lui ne sont point obligées de faire la même chose.

[1] IMAM. C'est le Curé des Musulmans. Il faut sçavoir pour l'intelligence de cet article, que l'Imam se place au haut de la Mosquée à la tête de tous ceux qui assistent à la priere, & qu'il la fait à haute voix pour être entendu & suivi de toute l'assemblée, soit dans les prieres qu'il récite, soit dans les différentes postures qu'il prend.

ARTICLE IV.

Des choſes qui ſe pratiquent à l'imitation de Mahomet dans la priere.

On pratique dans la priere vingt choſes à l'imitation de Mahomet; dix en paroles & dix en actions. Les verbales ſont au commencement de la priere, & conſiſtent à dire:

1°. *Mon Dieu, j'ai recours à vous.*

2°. *Au nom de Dieu clément & miſéricordieux.*

3°. *Amen.*

4°. *Secourez-moi, mon Dieu.*

5°. *O mon Dieu, écoutez-nous.*

C'eſt l'Imam qui dit ce dernier article, & le peuple répond:

6°. *Dieu, louange vous ſoit rendue.*

7°. On répéte le dernier article quand on s'incline.

8°. On le répéte auſſi quand on ſe proſterne.

9°. *Dieu est grand.*

Ces paroles doivent se dire, quand on se leve & qu'on s'assied.

10°. A la fin de la priere, on donnera le salut à sa droite & à sa gauche.

Les dix pratiques d'action sont :

1°. De lever les mains.

2°. De les porter aux cartilages de l'oreille.

3°. De se frotter avec la main le dessous du nombril par-dessus les habits.

4°. De croiser les mains, la droite sur la gauche : les femmes doivent les mettre sur leur sein.

5°. De poser les mains sur les genoux, quand on s'incline.

6°. De s'applattir le dos.

7°. D'écarter les genoux de façon que le ventre ne porte pas dessus quand on se prosterne.

8°. D'éloigner ses mains du dedans des cuisses.

9°. De s'asseoir [1] sur le pied gau-

[1] S'ASSEOIR. On doit observer pour l'intelligence

che, & non pas ſur le droit.

10°. De diſpoſer tellement ſes pieds que le bout des doigts ſoit tourné au Sud.

CHAPITRE VII.

Du nombre des choſes qu'on eſt d'obligation de pratiquer dans les cinq prieres qu'on fait tous les jours.

ARTICLE PREMIER.

SI l'on vous demande combien de choſes ſont de précepte divin dans les prieres que l'on fait pendant le jour & pendant la nuit, répondez qu'il n'y a en tout que dix-ſept inclinations, dont deux ſe font le matin, quatre à midi, quatre à l'Afr [1], deux au

de cet article, que les Arabes & les Turcs n'ont ni fauteuils ni chaiſes, & qu'ils s'aſſeyent ſur leurs pieds.

[1] ASR eſt l'heure ou le point qui diviſe le tems qui ſe trouve entre le midi & le ſoleil couchant.

ſoleil couchant, & les cinq dernieres une heure & demie après le coucher du ſoleil : voilà toutes les obligations.

La priere dont nous avons parlé à la fin de l'article ſecond, chapitre ſixiéme, eſt plus de dévotion que de précepte divin.

ARTICLE II.

Des choſes que Mahomet a ordonné de faire dans la priere.

Les Docteurs ont dit qu'il y en avoit douze, dont deux ſe font à la priere du lever du ſoleil, ſix à celle de midi, deux à celle du coucher du ſoleil, & les deux dernieres à celle d'une heure & demie après le coucher du ſoleil : toutes les autres qu'on pourroit faire ſeroient inutiles.

CHAPITRE VIII.

Du Jeûne.

ATICLE PREMIER.

LE jeûne, mon fils, consiste à réprimer & à vaincre ses passions & ses appétits sensuels; c'est-à-dire, à s'abstenir du boire, du manger, & de l'usage des femmes. Quand vous jeunez, il faut diriger votre intention à exécuter la volonté de Dieu. Si vous oubliez de le faire au commencement de la journée, n'y manquez pas si-tôt que vous vous en souviendrez, sans cela votre jeûne seroit inutile. Au reste on est à tems de l'offrir à Dieu jusqu'au coucher du soleil.

ARTICLE II.

Des choses qui rompent le jeûne.

Si une mouche ou un moucheron vous entroit dans le gosier ; si vous vous faisiez saigner ou appliquer des ventouses, cela ne feroit aucun tort à votre jeûne, non plus que de vous oindre d'huile ou de vous mettre du Surmé [1] aux yeux. Il est aussi permis de mâcher du pain pour un enfant qui en a absolument besoin ; mais il faut le rendre entierement, sans en rien avaler : autrement vous commettriez un péché. Or vous devez vous abstenir avec un soin extrême, de tout ce qui est péché. Apprenez donc ce qui rompt le jeûne & le rend inutile. Si un homme a commerce avec une

[1] SURME. Le surmè est une préparation d'antimoine dont les Orientaux font beaucoup d'usage pour se peindre les cils en noir, comme faisoit Jesabel selon la Bible.

femme, il eſt inconteſtable que ſon jeû-ne eſt rompu : & s'il le fait de propos délibéré, il eſt obligé pour expier cette faute, de s'abſtenir de ce commerce un autre jour qu'il ſera libre, & outre cela de faire une pénitence.

ARTICLE III.

Du jeûne volontaire.

Si vous vous engagez à jeûner, & que pour quelque néceſſité vous rompiez votre jeûne, la Loi vous oblige de le recommencer un autre jour. Le jeûne eſt rompu en mangeant de la pierre, de la terre, de la toile ou du papier ; & alors on doit le recommencer un autre jour, ſans cependant être ſujet à aucune pénitence. Mais quand on a mangé quelque choſe de comeſtible, il faut & jeûner un autre jour, & faire la pénitence que nous allons marquer.

Quand quelqu'un ſuivant ſes paſsions rompt son jeûne en mangeant, ou en ayant commerce avec une femme, il doit, pour réparer sa faute, faire un repas à soixante pauvres, ou jeûner soixante jours, ou donner la liberté à un esclave pour satisfaire à la Justice divine : il choisira une de ces trois pénitences, outre laquelle il jeûnera un jour, pendant lequel il fera plus de prieres qu'à l'ordinaire. C'est là la pénitence de ceux qui rompent le jeûne : tous les livres de la Loi en font mention. Si tu as le cœur pur, & que tu observes ces préceptes, cela te suffira, ô mon fils.

Louange soit rendue à Dieu de ce que cet ouvrage est fini. C'est un présent que je fais aux vrais Croyans, afin qu'ils se ressouviennent de moi. Il est composé de cent quatre-vingt seize vers. L'unique grace que je vous demande, mes freres, est, que ceux qui liront cet abrégé, compatissent aux fautes qu'ils pourront y trouver,

& les couvrent du rideau de la bienveillance ; qu'ils ſe contentent de ma bonne volonté, & qu'ils diſent un Fateha [1] pour moi leur eſclave.

[1] FATEHA. Voyez ci-deſſus, pag. 72.

TRADUCTION

D'une Dissertation de ZEHNY EFFENDY, *sur les Sciences des Turcs, & sur l'ordre qu'ils gardent dans le cours de leurs études.*

ON commence par faire apprendre le *Sarf*, c'est-à-dire, la grammaire Arabe : ce Livre traite de la racine des mots, de la façon de s'en servir, de la différence de leurs nombres & de leurs genres, & enseigne comment d'un seul mot on en fait dériver une infinité d'autres. Il est divisé en trente-cinq chapitres, qui ont chacun un nom particulier, & traitent de différentes matieres. Le *Sarf* est expliqué par plus de cent Auteurs différens ; il n'est cependant pas nécessaire de les lire tous. Pour sçavoir bien son *Sarf*, il suffit d'en lire cinq à six.

Du *Sarf* on passe au *Nahw* ou Syntaxe : c'est une méthode qui donne des regles certaines pour ne point se tromper dans les terminaisons des mots Arabes : cette connoissance est d'autant plus nécessaire que chaque mot Arabe a mille terminaisons différentes. Le *Nahw* a produit mille commentaires, & chacun de ces commentaires en a cinq, & même dix, qui leur servent d'explication ; mais parmi cette nombreuse quantité de commentaires, il en est un intitulé *Kiafié*, qui en a produit cinq cens, & que tous les Sçavans connoissent. Quand on a un peu d'esprit & de mémoire, on parvient à sçavoir assez bien son *Nahw*, en lisant seulement cinq à six de ces livres. Un homme vit trop peu pour pouvoir les lire tous.

Après le *Nahw* on étudie le *Mantik* ou Logique : cette science prépare l'esprit à apprendre la Théologie Scolaſtique, & la Philoſophie : elle péſe les penſées & donne des regles ſûres pour diſcerner le vrai d'avec le faux. Le livre qui traite de cette ſcience eſt diviſé en neuf chapitres ; ils ont chacun un nom particulier, & conforme aux matieres qui y ſont traitées : je n'en dirai rien ici, car ce n'eſt que par la lecture de ces ſortes de matieres qu'on peut les connoître. Cet ouvrage eſt commenté par pluſieurs centaines de livres. Il ſuffit à un homme d'eſprit d'en lire cinq à ſix pour ſe mettre en état de ſçavoir ce qui en eſt.

Après la Logique on apprend les ſciences de *Maany*, de *Beïan*, & de *Bedii* : c'eſt la Rhétorique. Car toutes trois ſont, à peu de choſes près, une même ſcience : cependant nos Sçavans y mettent une petite différence, & les expliquent ainſi.

Le *Maany*, diſent-ils, enſeigne à parler ſuccintement, à faire des amplifications, des tropes, des allégories, &c.

Le *Beïan* donne ſeulement des regles pour expliquer les termes ou les endroits obscurs.

Le *Bedii* enseigne le choix qu'il faut faire des termes dans la composition. Ces trois sciences sont très-difficiles à entendre : aussi sont-elles commentées par une multitude presque infinie de livres.

Après ces trois sciences on étudie le *Kelam*, ou la Théologie Scholastique : c'est une science qui fortifie la foi en prouvant les principaux articles par le raisonnement. Le but principal de cette science étant l'essence de Dieu & de ses attributs, & l'un & l'autre étant l'objet de notre foi, il s'ensuit que la Théologie Scholastique fortifie la foi par les preuves qu'elle donne pour faire connoître l'essence de Dieu & les attributs de cet Estre suprême ; mais il ne seroit pas possible d'apprendre la Théologie Scholastique, si auparavant on n'avoit étudié la Logique. On a composé sur cette science un nombre infini de livres, qui lui servent de commentaires.

On paſſe enſuite au *Fikih*; c'eſt la Théologie poſitive & morale: elle renferme les loix de la Religion de Mahomet, & celles qui regardent la juſtice qu'on exerce envers les hommes, comme pour châtier un homme, pour le faire mourir, pour empriſonner, pour lapider, pour faire pendre, pour faire un contrat de mariage, pour répudier, pour affranchir un eſclave, pour témoigner en juſtice, prêter ſerment, prier, jeûner, aller en pelerinage, faire la guerre, &c. Cette ſcience a quatre baſes: 1°. l'Alcoran: 2°. les Hadis ou explications données par Mahomet: 3°. la commune opinion des Sçavans: 4°. les concluſions des loix énoncées dans l'Alcoran. Elle eſt très-noble & très-néceſſaire, puiſqu'elle nous inſtruit de ce que nous devons faire, & ſert à perpétuer notre Religion & à la tranſmettre à nos deſcendans: elle a produit un grand nombre de livres en forme d'explication ou commentaires.

Après le *Fikih*, on étudie le *Faraïz*,

qui enseigne comment, selon la Loi, on doit partager un héritage; ce que la loi accorde à une veuve, aux enfans, &c. Cette science a pour fondement : 1°. l'Alcoran : 2°. les *Hadis* ou explications données par Mahomet: 3°. la commune opinion des Sçavans : les conclusions tirées de l'Alcoran n'en sont point. Elle a besoin de l'Arythmétique, qu'on doit apprendre avant que de la commencer. Il y a cinq régles principales d'Arythmétique, l'addition, la multiplication, la division, la division par la moitié, & la soustraction : ces cinq régles en produisent une infinité d'autres, qui sont connues de ceux qui possedent cette science.

On étudie ensuite le *Hikmet* ou la Philosophie: c'est une science qui renferme l'extrait ou la quintessence des perfections de l'homme ; par elle nous parvenons à la connoissance de la Divinité.

La Philosophie a pour objets les êtres externes & leurs modes, autant que l'esprit de l'homme peut les connoître :

elle eſt très-difficile ; auſſi a-t-elle produit des milliers de livres.

Après le *Hikmet* on étudie le *Hiet* ou l'Aſtronomie. La forme, la figure & le mouvement des aſtres ſont l'objet de cette ſcience ; elle eſt très-noble & très-divertiſſante.

L'étude de l'Aſtronomie eſt ſuivie de celle du *Hindecè*, ou de la Géometrie, qui eſt expliquée comme la précédente par une infinité de livres.

A la Géometrie ſuccede l'étude du *Tefcir Couraan*, ou les interprétations de l'Alcoran. Elle explique ce divin livre pour en faire connoître le vrai ſens. Cette étude eſt la plus difficile de toutes celles dont nous avons parlé juſqu'à préſent : auſſi tous les Sçavans en ſont ſi rebutés, qu'il y en a fort peu qui ayent le courage de l'étudier à fonds : toutes les ſciences ci-deſſus ſervent d'inſtrument à celle-ci. Les livres qui contiennent les interprétations, & ceux qui les expliquent ſont ſans nombre : les uns ſont en deux volumes, les autres en cinq, & plusieurs en dix, vingt, trente & quarante.

De-là on passe aux *Hadis* ou préceptes de Mahomet. Les dits & préceptes des Prophétes sont nommés *Hadis :* mais ce nom a été donné par excellence à ceux de Mahomet. Cette science est encore très-difficile, parce qu'il ne suffit pas de sçavoir le sens de ces sortes de dits, on doit de plus indiquer de qui on les tient; car ce n'est que par la preuve de l'autorité qu'on peut distinguer si le dit ou précepte est vrai, faux ou douteux. Un homme ne passe point pour sçavant dans cette science, s'il ne sçait cent mille de ces préceptes : c'est ce qui fait qu'aujourd'hui fort peu de gens sont réputés habiles dans les *Hadis*.

On étudie ensuite l'*Edab* ou Dialectique. Quelques-uns de nos Sçavans prétendent que la Dialectique devroit être étudiée après la Théologie Scholastique : mais ils se trompent, car la Dialectique enseignant l'art de disputer, & cet art n'ayant d'autre but que d'apprendre à prouver ou à nier quelque propoſition par l'Alcoran & les *Hadis*; il s'enſuit que cet art eſt inutile, ſi auparavant on n'a étudié l'Alcoran & les *Hadis*. C'eſt pourquoi il ne faut s'appliquer à la Dialectique qu'après ces ſciences, afin que les ſçachant on puiſſe diſputer à coup sûr.

Il eſt hors de doute que les Sciences dont nous venons de parler ne ſoient néceſſaires; mais comme il eſt très-difficile, pour ne pas dire impoſſible, de les ſçavoir toutes parfaitement; il ſuffit d'avoir une teinture de chacune pour mériter le nom de Docteur. Si cependant on n'en ſçavoit qu'une, mais qu'on la ſçût bien, on pourroit paſſer pour Sçavant, avec cette différence, qu'on ajouteroit au nom de ſçavant celui de la ſcience dans laquelle on excelleroit, comme ſçavant Grammairien, ſçavant Logicien, &c.

La fin qu'on doit ſe propoſer dans l'étude de toutes ces Sciences, eſt de parvenir à celle de *Teçawouf*; c'eſt la

Théologie mystique ou la contemplation : cette science a plusieurs noms. On l'appelle *Yïlm Ilahy*, la science de Dieu ; *Yïlm ledun*, la science infuse ; *Yïlm chuhoud*, l'intelligence ; *Yïlm urfan*, la science des sciences ; *Yïlm ïakin*, la science certaine qui nous approche de Dieu. Elle a encore d'autres noms aussi nobles que ceux-ci ; car elle est telle que les expressions sont trop foibles pour en pouvoir donner une juste idée : c'est un état extatique, qui ne peut être connu que par l'expérience. Les Saints seuls en sont en possession, mais ils n'y parviennent que par la violence qu'ils se font pour dégager leur esprit des choses terrestres, & cette violence consiste dans la privation de toutes choses : car pour ne penser qu'à Dieu, & n'être qu'à lui, il faut oublier tout le reste. C'est le but de cette science ; mais où trouve-t-on présentement de vrais contemplatifs ?

Outre les sciences ci-dessus mentionnées, il en est d'autres qui pour leur grande utilité méritent d'avoir place ici.

La premiere eſt celle des *Tarikhs*, ou de la Chronologie : c'eſt une ſcience que nous définiſſons le miroir de tous les tems, puiſqu'elle nous préſente les événemens de tous les ſiécles, depuis Adam juſqu'à nous : par elle nous ſçavons qui ſont ceux qui ont exiſté, les Prophétes, les Saints, les Philoſophes, les *Ulemas* ou Docteurs, les Princes & leurs Miniſtres. Rien n'échappe à ſon exactitude ; chaque jour fait ſon occupation ; tout ce que le tems emporte par ſa rapidité, elle le rapproche & nous le rend toujours préſent : c'eſt par-là qu'elle nous eſt ſi utile. En vain tenteroit-on de déterminer la quantité de livres que nous avons ſur cette matiere.

La ſeconde ſcience très-utile à l'homme eſt celle de *Tibb*, la Médecine. Elle fait connoître les différentes maladies de l'homme, & enſeigne comment on doit les traiter : elle renferme auſſi la connoiſſance des propriétés des minéraux, des simples & des animaux; quelles sont les matieres dont on tire les remedes propres pour chaque maladie : cette science qui est très-noble est expliquée dans plusieurs milliers de livres.

La troisiéme est celle de *Taabir-Khab*, l'interprétation des songes. Cette science enseigne l'art d'expliquer les songes, & d'en tirer des présages heureux ou malheureux: elle a des difficultés extraordinaires. Les Docteurs en cette science sçavent les résoudre, & n'ont pas peu d'occupation: car on n'entend parler ici que de songes surnaturels.

La quatriéme est la science de *Nudjoum*, ou l'Astrologie, qui par l'aspect de la différente situation des astres & des planettes, fait connoître leurs bonnes ou mauvaises influences.

La cinquiéme est celle de *Inchah*, ou la maniere de composer des lettres. Par elle on apprend comment on doit écrire des lettres pour les Princes, les Vizirs,

Vizirs, les Grands, & généralement pour tout le monde, ſelon le rang & la condition d'un chacun ; on en trouve beaucoup de modéles qui peuvent être de quelque utilité; mais comme les affaires ne ſont pas toujours les mêmes, il eſt impoſſible qu'on puiſſe faire un *Inchah* univerſel; outre cela un eſprit ordinaire n'eſt pas capable d'exécuter un pareil ouvrage, puiſque le plus profond & le plus cultivé y réuſſiroit à peine.

La ſixiéme eſt la ſcience de *Aarouz*: la Poëſie. Elle enſeigne les différentes cadences des vers, car ſans la connoiſſance des regles qu'elle en donne, on ne peut pas verſifier; il y a pluſieurs eſpeces de vers : Chahidy en marque vingt-huit dans ſa nomenclature poëtique. Il y a une des parties de la poëſie appellée *Kafiè*, dont les vers ſont tous d'une même rime.

Nous avons encore pluſieurs autres ſciences qu'il n'eſt pas poſſible d'expliquer ; auſſi ſont-elles plus merveilleuſes qu'utiles.

Préfentement, voici ce que je penfe de toutes les Sciences dont j'ai fait l'analyfe : je les compare chacune à autant de mers profondes ; il fuffit donc qu'un homme d'efprit en prenne une petite goute de chacune pour fe défalterer & fe cultiver l'efprit ; autrement s'il entreprenoit d'apprendre à fond chaque fcience, le profit n'égaleroit pas la peine, & ce travail feroit trop long & trop peu fructueux : je crois même que les années de Noé feroient un terme trop court pour une femblable entreprife : perfonne je penfe ne me démentira. Mais que fais-je ? je prolonge un peu trop mon difcours : il eft tems de retenir ma plume & de la laiffer repofer : ainfi je finis, ne le trouvez pas mauvais. Fait l'an de l'Hegyre 1152, qui revient à l'an 1739 de l'Ere Chrétienne.

RELATION

De l'Isle de Chio, faite sur le lieu par l'Auteur.

OGNI *promesso debito*, dit l'Italien. Je veux donc m'acquitter aujourd'hui envers vous, Monsieur, & me rendre à vos ordres en vous faisant part des observations que j'ai faites sur l'Isle de Chio, pendant un séjour de quatre mois. J'ai eu l'honneur de vous marquer par ma derniere lettre, que ma santé m'a fait entreprendre ce voyage pour consulter les Médecins de cette Isle, & respirer le bon air dont on y jouit; je m'en trouve assez bien jusqu'à présent, & j'espere, si cela continue, de me rétablir entierement.

L'Isle de Chio est située dans l'Archipel, entre Samos & Metelin, à quinze milles de diſtance de la terre ferme de Natolie. Elle a environ cent milles de circonférence, & s'étend en longueur du Nord au Sud. La ville de Chio eſt ſur le rivage de la mer, vers le milieu de la longueur de l'iſle à l'Eſt: elle eſt défendue par un bon château dont les fortifications ont été faites à différentes repriſes par les Genois, les Venitiens & les Turcs. La mer baigne à l'orient les murailles de ce château, & en remplit les foſſés quand on veut: c'eſt la ſeule fortification qu'il y ait ſur toute l'iſle, qui a cependant pluſieurs bonnes rades. auſſi quand les Venitiens s'en emparerent en 1693, ils firent leur deſcente ſans grande oppoſition à la rade de Sainte-Helene au ſud de l'iſle. Au premier coup de canon qu'ils tirerent, tous les gens de l'iſle, Turcs & Chrétiens, qui s'étoient rendus ſur la plage de ce nom, pour s'oppoſer à leur deſcente, s'enfuirent & laiſſerent le champ libre aux Venitiens. Leur Général a pû dire de cette conquête, *Veni, Vidi, Vici*; mais les Turcs la reprirent, après six mois & six jours. Le Général *Zeno* qui l'avoit prise, & qui y commandoit pour la République, l'abandonna le 13 Mars 1694, après cinq jours d'une vigoureuse défense, prévoyant ne pouvoir continuer, faute de vivres & de munitions, au lieu que l'armée Turque en tiroit abondamment de la terre ferme vis-à-vis de l'isle.

On compte aujourd'hui dans l'isle de Chio, environ cent vingt mille ames; elle étoit plus peuplée autrefois. Le nombre des habitans, sur-tout des Catholiques, a beaucoup diminué depuis que les Venitiens ont abandonné l'isle. La moitié des habitans occupent les villages, & l'autre moitié la ville.

Tous les habitans des villages sont Grecs schismatiques.

Il y a dans la ville sept mille Turcs, dont la plûpart parlent le Grec vulgaire aussi-bien que le Turc, de même que ceux des royaumes de Candie & de Morée, soit parce qu'ils sont renégats ou descendans de renégats Grecs, soit parce que les Turcs de ces pays épousant souvent des femmes Grecques, qui ne sçavent pas la langue Turque, les enfans apprennent dès leur bas âge la langue de leur mere.

On y compte mille sept cens soixante & six Catholiques, dont quatre cent payent le tribut; ce sont les hommes & les jeunes gens depuis l'âge de quatorze ans [1]. Le reste du nom-

[1] Les Turcs fixent la virilité à quatorze ans; usage qu'ils tirent apparemment des Hébreux qui l'ont établie à treize ans & un jour. C'est à cet âge qu'ils marient leurs enfans, & qu'ils leur font observer le jeûne du *Ramazan*. Ils suivent la même regle pour exiger des Chrétiens & des Juifs le tribut, dont il y a trois différentes taxes; sçavoir, 33 liv. pour les riches, 16 liv. 10 sols pour les gens d'un état médiocre, & 8 liv. 5 s. pour le bas peuple.

bre ci-dessus est rempli par les femmes, les filles & les petits enfans.

Il y a cinquante & un mille Grecs Schismatiques, qui comme ceux de la campagne sont extraordinairement entêtés de leurs erreurs. Ils haïssent les Latins à outrance, & plus que ne font les Grecs de tous les autres pays du Levant.

On y voit de plus deux cens Juifs qui sont misérables, & habitent dans le château avec les Janissaires : les Chiots sont encore plus fins qu'eux, & ils ne trouvent pas à faire leurs affaires dans cette isle.

Aucun Chrétien ne peut loger ni coucher dans le château ; ils y vont seulement pendant le jour pour leurs affaires, & doivent en sortir avant le coucher du soleil, qui est l'heure à laquelle on léve les ponts qui donnent la communication avec la ville. Les Européens, sur-tout ceux qui sont habillés à la Françoise, sont difficilement introduits dans cette forteresse, que les Turcs gardent avec ſoin. On voit encore les armes des Genois à pluſieurs endroits de ſes murailles, & dans leur enceinte pluſieurs grands palais ruinés qui ont ſur leurs portes les armes des Juſtiniani, qui y commandoient.

Le commerce de l'iſle conſiſte en ſoye & ſoyeries, térébenthine, maſtic, oranges douces & ameres, cédres ou poncires, & limons.

L'on retire, année commune, environ vingt-quatre mille livres de ſoie, qui ſe vend huit à dix francs la livre. Mais comme les manufactures de damas, damaſchettes en or & en argent, ſerges croiſées, ſatins unis & rayés, portieres, tapis, ceintures & turbans qui ſont une eſpece de gros-de-tours mêlé d'or & d'argent, & les ceintures & bourſes en rezeaux, &c. conſomment une groſſe quantité de ſoye; les iſles de l'Archipel, la Morée & la Natolie, en fourniſſent ici environ cent cinquante mille livres qu'on apporte brute, & à laquelle on peut dire que tous les habitans de la ville, hommes, femmes & enfans, travaillent pour gagner leur vie. Le Chiot est fort laborieux, & travaille assiduement toute la journée, l'été comme l'hiver; l'hiver même il passe encore une partie de la nuit au travail.

Les soyeries sont portées dans tout le Levant, sur-tout à Constantinople, à Smirne, au Caire, & à Salonique; mais depuis trois à quatre ans le commerce des damaschettes est beaucoup tombé, & de dix-huit cens métiers que l'on comptoit autrefois, il n'y en a plus que six cens.

Ces étoffes n'ont ni la beauté, ni la bonté de celles de France & de Venise, sur-tout les damaschettes, qui sont fort légeres. C'est précisément ce que demandent les Turcs; ils aiment mieux acheter tous les ans un habit neuf de médiocre valeur, que d'en prendre un bon qui leur dureroit plusieurs années. C'est pour la même raiſon que les draps des manufactures de Languedoc ont un ſi grand débit dans la Turquie, au préjudice de ceux d'Angleterre & d'Hollande, qui ſont meilleurs & coûtent davantage.

Le Maſtic eſt la gomme ou réſine qui coule naturellement & par inciſion du lentiſque. Tous les habitans de Chio, de même que les femmes & filles de Conſtantinople & de Smirne, mâchent volontiers cette drogue que la chaleur & la ſalive ramoliſſent dans la bouche où elles la paîtriſſent avec la langue, & la ſoufflent comme des bouteilles, qu'elles font enſuite crever dans la bouche avec bruit : ce qui eſt un grand divertiſſement pour elles. C'eſt un de leurs amuſemens quand elles ſont en compagnie, & elles regardent comme une galanterie d'approcher leur bouche du viſage de quelqu'un pour le ſurprendre par ce bruit, & lui faire ſentir l'odeur du maſtic qui, dans le fond, n'eſt pas déſagréable. Cette drogue eſt ſtomacale : c'est pourquoi, quand elles en mâchent, elles avalent leur salive : mais à la suite du tems leurs dents se déchaussent, & paroissent d'une longueur qui dégoute. En général, on peut dire qu'il n'y a pas de Chiote qui ait de belles dents.

On détrempe aussi le mastic dans de l'eau, dont on se sert ensuite pour pétrir du pain. Ce pain qui conserve le goût de mastic, est stomacal & agréable à la vûe par sa blancheur ; il est friand & cher, parce qu'on n'y employe que la plus fine fleur de farine, & que le mastic vaut ordinairement quarante sols la livre en contrebande, & le double chez l'Aga fermier, qui a seul le privilege de le vendre.

Les villages, aux environs desquels se trouve le mastic, sont au nombre de vingt. Ils sont presque tous au sud de l'isle, vers le Cap-Mastic, qui prend son nom de cette drogue. Les arbres de lentisque sont épars çà & là dans la campagne, & appartiennent au Grand Seigneur. Il a accordé de grands privileges aux paysans de ces villages pour les entretenir & faire la récolte du mastic : ces habitans, quoique Chrétiens, portent le turban blanc comme les Turcs : ils jouissent d'ailleurs de différens privileges : ils ont des cloches dans leurs Eglises. Ils ne payent pour tribut que la plus petite des taxes, & ils sont exempts de tous autres droits, impositions & corvées, de quelque nature que ce puisse être. Un Aga particulier qui prend tous les ans cette ferme à Constantinople les gouverne, sans qu'ils soient soumis à la jurisdiction ordinaire de l'isle.

Moyennant ces privileges, ils sont obligés d'entretenir les arbres, de bien battre, applanir & balayer le terrain qui est dessous, aux approches de la récolte, afin que le mastic qui y tombe soit clair & net. Ils sont chargés de le recueillir avec des pinces sur les arbres, & avec la main quand il est à terre, de nettoyer celui qu'ils ont ramaſſé, & d'en ôter la pouſſiere qui s'y attache toujours malgré le ſoin qu'ils prennent de tenir la place nette. Lorſque le maſtic eſt bien nettoyé, ils le ſéparent ſelon ſes différenres qualités.

Le plus eſtimé eſt net, clair & en larmes; on le recueille ordinairement ſur l'arbre, avant qu'il en coule beaucoup, ou qu'il tombe à terre. Toute cette premiere qualité va au Serail du Sultan à Conſtantinople; celui qui a été ramaſſé au pied des arbres eſt toujours mêlé d'un peu de terre: il n'eſt ni clair ni en larmes, mais en morceaux ronds, longs, informes & louches; on n'en envoye au Serail que la quantité qui manque à la premiere qualité, pour en faire ſoixante mille livres peſant.

C'eſt la taxe que l'Aga fermier doit envoyer tous les ans au Serail du Sultan. Chaque village eſt taxé à trois mille livres l'un portant l'autre, ou à deux mille écus en argent comptant, au défaut de mastic ; & comme on en recueille toujours beaucoup davantage, même dans les plus mauvaises années, le Fermier achete le surplus des soixante mille livres des paysans, sur le pied de quarante sols & quelque chose de moins la livre, & la revend ensuite, par privilege exclusif, trois à quatre francs, & il a droit, non seulement de saisir tout celui qu'il trouve n'avoir point passé par ses mains, mais encore de punir les paysans qui l'ont vendu en contrebande. Il peut envelopper dans cette punition tous les habitans d'un village, quand il ne peut connoître le particulier qui a fait la contrebande; c'est ce qui oblige ces paysans à s'observer exactement les uns les autres, & à fermer pendant la nuit les portes de leurs villages dans le tems de la récolte, afin que personne n'aille ramasser le mastic sur le terrain de son voisin, pour en faire une provision qu'il pourroit ensuite vendre à loisir.

Les paysans ont un mois pour nettoyer le mastic & le mettre en état d'être délivré au Fermier, qui depuis l'onziéme Novembre parcourt tous les villages pour lever les soixante mille livres du Serail, & acheter le reste.

Depuis le commencement de la récolte, jusqu'à ce que le Fermier ait enlevé toute cette drogue, il y a des gardes jour & nuit aux gorges des montagnes par lesquelles on entre dans le Cap-Mastic. Ces gardes visitent avec soin ceux qui passent, afin que personne n'en emporte. Quand le garde de l'Aga fermier vient à la ville, il est accompagné de tambours & de flûtes, & amené par les paysans des villages qui ont recueilli le mastic; ils vont le porter au château avec beaucoup de réjouissances.

Quelquefois l'Aga, qui prend la ferme du gouvernement, du tribut & des douanes de l'isle, prend aussi celle du maſtic dont la récolte peut monter, année commune, à cent cinq mille livres peſant. Il y a dans pluſieurs autres quartiers de l'iſle des arbres de lentiſque qui ne produiſent point de maſtic.

On diſtingue quatre ſortes d'arbres de Maſtic, ſçavoir, *Skinos*, *Skinos aſpros*, *Votomos* & *Piſcari*, ſous leurs noms Grecs. Le *Skinos* & le *Skinos aſpros*, produiſent le plus beau maſtic, c'eſt-à-dire, le plus tranſparent & le plus ſec : on l'appelle maſtic mâle. Ces deux arbres ſe reſſemblent ſi parfaitement qu'on les confondroit, ſi le *Skinos aſpros* ne différoit de l'autre par un peu plus de fécondité.

Le *Votomos* a la feuille plus petite, & eſt ordinairement plus étendu que les autres : il eſt le ſeul qui porte des bayes ou graines, qui ſont aſſez ſemblables à celles du lentiſque ſauvage. On en recueille très-peu de maſtic ; mais il eſt mâle & d'une bonne qualité.

lité. Ces graines ne se peuvent ramasser avant le 15 de Septembre, qui est le tems de leur maturité. Ceux qui cultivent l'arbre de mastic n'en font aucun cas, & ne sçauroient s'imaginer qu'elles puissent être prolifiques, comme quelques-uns l'assurent.

Le *Piscari* est beau, touffu, & forme une espece de buisson qui s'arrondit en s'élargissant jusqu'à terre ; sa feuille est plus large que celle des autres ; il est le plus fécond de tous. Son mastic coule si abondamment, qu'on en ramasse quelquefois des morceaux de la largeur d'un écu ; mais il est opaque, mou, se seche difficilement, & se ramollit à la moindre chaleur : aussi est-ce la qualité la moins estimée. Ce mastic est appellé mastic femelle.

Ces arbres fleurissent tous en Mars ; leur fleur a la forme d'une grappe : il n'y a, comme j'ai dit, que le Votomos qui porte graine.

Les paysans destinés à la culture de

ces lentiſques féconds, les plantent en Janvier, ou par bouture, ou par ante; mais il n'y a que les branches du Piſcari, qui puiſſent ſervir à cette réproduction; les branches des autres, c'eſt-à-dire, de ceux qui donnent le maſtic mâle, n'y ſont propres en aucune façon.

Cette particularité ſera ſans doute une découverte à ſuivre pour les Naturaliſtes, qui admettent deux ſexes parmi les arbres & les plantes. Eſt-il rien en effet de plus favorable à cette opinion, que l'inhabilité de réproduction dans le Skinos, le Skinos aſpros & le Votomos; & la vertu réproductive, jointe à la fécondité ſi remarquable, qui fait le caractere diſtinctif du Piſcari? La diſtinction de *maſtic mâle*, & de *maſtic femelle*, ne ſemble-t-elle pas auſſi nous déſigner la différence du ſexe des arbres qui le produiſent?

Un mois environ après la premiere récolte du maſtic, c'eſt-à-dire, au commencement de Juillet, on fait au tronc & aux principales branches de l'arbre de légeres saignées par où cette gomme précieuse découle jusqu'à terre ; il en reste quelques larmes sur l'arbre, qui forment le mastic le plus fin : quoiqu'au bout de huit jours elle soit condensée & durcie, on n'en fait la premiere cueillette que le 16 d'Août vieux stile. Elle dure huit jours consécutifs, après lesquels on recommence à saigner les arbres jusqu'au quatorziéme Septembre, & l'on fait la troisiéme cueillette qui dure encore huit jours. Depuis cette huitaine on ne saigne plus les arbres, qui cependant ne cessent de donner du mastic, qu'on recueille les lundi & mardi de chaque semaine, jusques au huitiéme Novembre, jour où cesse cette récolte, & après lequel il est défendu sous des peines très-grieves de la continuer.

La culture de ces arbres consiste à labourer en hiver, à une certaine distance, la terre qui est autour d'eux, &

à entretenir dans une grande propreté celle qui se trouve à leur pied & sous quelques-unes de leurs branches, qui sont presque rampantes.

La Térébenthine de Chio est fort estimée, mais cette isle n'en produit qu'environ douze cents livres. Elle se vend ordinairement sur le pied de vingt sols la livre. Le térébinthe porte un fruit dont les Chiots, sur-tout les femmes, sont aussi friands que les bec-figues qu'on prend à la gluë sur cet arbre. Ce fruit qui vient par bouquets comme celui du sureau, est rouge avant de mûrir, & verd quand il est mûr: le goût en est un peu âpre, & la qualité fort chaude. Les Chiots le mangent avec beaucoup de plaisir, lorsqu'il est parvenu à sa maturité, & en salent dans la saison pour le conserver toute l'année: ils disent qu'il est fort stomacal. La peine qu'on prendroit pour planter des térébinthes seroit inutile, aussi n'en plantent-ils point: ils se contentent de cultiver ceux qui viennent naturellement, dont on attribue la production à la fiente des petits oiseaux qui en ont mangé le fruit. La récolte de la térébenthine se fait au mois de Septembre.

Les oranges douces, les poncires & les limons sont d'un gros revenu pour cette isle, qui en retire, année courante, quatre cens cinquante mille livres. On porte à Constantinople ce qu'il y a de plus beau & de plus sain. Les qualités inférieures, & les fruits qui sont tombés des arbres, sont portés à Smirne : on a le tems de les y vendre avant que d'être gâtées, parce que les batteaux font le trajet en un jour ou deux. Les oranges valent vingt-cinq à trente francs le millier, & les limons la moitié moins. Il arrive quelquefois que les vents du Nord ferment les portes de la Mer Blanche à Constantinople pendant long-tems, & font ensuite vendre ces fruits le double des prix ci-dessus ; mais cet avantage n'est que trop compensé par la perte que l'on souffre assez souvent, lorsque les voyages sont longs & que le fruit se gâte en chemin, malgré les précautions qu'on prend de l'arranger par couches sur des lits de feuilles de laurier-rose, & de faire rogner les ongles à ceux qui le cueillent sur les arbres. La plus grande partie de ces fruits vient dans une plaine appellée *le Campo*, au sud de la ville: nous en parlerons bientôt, de même que de l'autre plaine qui est au Nord.

Les villages de l'Isle sont au nombre de soixante; j'ai déja parlé de ceux dans le territoire desquels on recueille le mastic: je passe aux autres, ceux-ci n'ont rien de fort remarquable. Il y en a quarante dont les maisons sont bien bâties en pierre, & couvertes de bons toits; elles sont la plûpart quarrées en forme de tours, & ont aujourd'hui des escaliers de pierre; il y a quarante ans que l'on n'y montoit qu'avec des échelles que l'on tiroit ensuite en haut pour être à l'abri des voleurs & des pirates qui faisoient souvent des descentes dans l'isle. Les villages sont clos par les murs des maisons : les ruës en sont pavées, & le paysan y est moins misérable que dans plusieurs autres endroits de la Turquie. Il est fort laborieux, & on ne voit pas sur l'isle un pouce de terre qui ne soit cultivé ; mais comme il y a beaucoup de montagnes de pierre, elle produit fort peu de denrées, & l'on y trouve peu de bestiaux : ce qui fait que les vivres y sont plus chers qu'à Smirne de vingt pour cent.

Les vins de Chio sont célébres depuis long-tems, & inspirent, dit-on, la gayeté qui ne manque pas dans ce pays : elle passe même souvent les bornes, & va jusqu'à une folie assez aimable. Cette folie a fait dire qu'un Chiot sage étoit une chose aussi difficile à trouver qu'un cheval verd : je crois ce proverbe Grec assez vrai, & que l'un est aussi rare que l'autre. Au reste le meilleur vin se fait ici en mêlant ensemble ceux de différens quartiers, qui seuls ne sont pas bons. Le Chiot boit volontiers après son travail, & les jours de Fête & de Dimanche. Comme les vins de l'isle suffisent à peine pour la consommation d'un tiers de l'année, l'on y en porte de Scopoly, Micony & Samos, qui ne sont pas si bons que ceux de l'isle à beaucoup près, mais qui étant à meilleur marché de la moitié, conviennent mieux aux Chiots qui sont fort économes, pour ne pas dire avares.

Il y a sur l'isle beaucoup d'oliviers qui rapportent de fort belles olives, & d'assez bonne huile, mais en petite quantité pour un pays de Grecs qui mangent maigre à l'huile les trois quarts de l'année, sans s'en dispenser que pour des raisons bien fortes; car l'adultère, la fornication, le larcin & l'homicide, sont regardés comme des péchés légers en comparaison de la violation de l'abstinence. Les Grecs, pour la plûpart, ne connoissent point le jeûne, & mangent à toute heure du jour en carême, & les jours de jeûne; en récompense leur abstinence est fort rigide: l'usage du poisson leur étant interdit, ils ne se nourrissent que d'herbes, de légumes & de coquillages; ils tirent des huiles du royaume de Candie, & de l'isle de Metelin. Ils ont quatre carêmes par an, celui de Pâques, celui des Apôtres avant la Saint Pierre, celui de l'Assomption, & celui de la Toussaint.

Le bled, l'orge & les fruits y viennent aussi en fort petite quantité, & l'on n'y pourroit vivre sans le secours de la terre-ferme qui y envoie journellement toutes sortes de denrées, fruits, bestiaux, bois & charbon: il n'y a point de bois sur l'isle.

Les eaux de Chio sont fort bonnes, & l'air en est pur; la mer y donne beaucoup de poisson, mais comme on l'a mis en ferme, il vaut ordinairement quatre & quelquefois six sols la livre. Le bœuf vaut quatre sols la livre, & le mouton ſix ; le gibier y eſt à bas prix.

Tchechmè eſt à proprement parler la mere nourrice de Chio, dont il n'eſt éloigné que de dix-huit milles ; c'eſt un gros bourg ſur la côte d'Aſie, vis-à-vis Chio : ſon port qui eſt bon, eſt défendu par un château qui le met à l'abri des inſultes des Corſaires. Tous les jours il vient de Tchechmè à Chio pluſieurs gros batteaux remplis de toutes ſortes de proviſions, que les gens de ce bourg vont acheter dans les villages voiſins du leur pour les vendre ici.

Tchechmé eſt ſitué dans une belle contrée ; les eaux & l'air y ſont excellens, & toutes les choſes néceſſaires à la vie y abondent : les Négocians Européens qui ſont établis à Smirne ſeroient beaucoup mieux à Tchechmè, qui n'eſt éloigné de Smirne que de quatorze heures ; on a réſolu pluſieurs fois de faire cette tranſlation, pour ſe mettre à l'abri des accidens du feu &

des tremblemens de terre, dont on est souvent incommodé à Smirne. On y étoit engagé par la facilité que les Caravannes auroient eue à venir à Tchechmé comme à cette derniere ville : le commerce s'y feroit beaucoup plus aisément, par rapport à la navigation, puisque les vaisseaux feroient leurs voyages avec plus de célérité, moins de dépense & de risque, sur-tout en tems de guerre, à cause de la difficulté qu'il y a pour entrer & sortir du golphe de Smirne, dont le cap est fort propre pour une croisiere. L'appréhension d'y être attaqué par les Anglois me retient ici depuis un mois à attendre un vaisseau neutre sur lequel je puisse me rendre en sûreté à mon poste de Smirne. Vous n'ignorez pas, Monsieur, que cette ville a été ruinée sept fois par des tremblemens de terre, & rebâtie autant de fois. Je pense qu'aujourd'hui les Négocians ne pourroient pas la quitter, parce que la cessation du commerce devant naturellement la réduire à très-peu de chose, le revenu de la Sultane-Mere, de l'appanage de laquelle elle fait partie, en diminueroit considérablement.

Smirne fournit à cette isle toutes les marchandises d'Europe dont elle a besoin: les marchands Chiots établis à Smirne les achettent des Européens & les envoyent ici à leurs associés. Le Chiot naît Marchand, & fait seul tout le commerce qu'il y a à faire dans son isle, sans avoir besoin de Censal. Les établissemens que pourroient faire ici les Européens seroient ruineux pour eux.

L'on consomme ici tous les ans quinze ballots de drap Londrine seconde de France, qui se vend sur le pied de six francs le pic: c'est une mesure qui a vingt-cinq pouces.

Quatre ballots de Serge de France, à trente sols le pic.

Autant de Serge d'Angleterre, à quarante-cinq sols le pic.

Trois ballots Drap-Londres d'Angleterre, à quatre livres dix sols le pic.

Huit ballots de drap de Hollande de trois qualités; la premiere, à dix livres dix sols le pic; la seconde, à neuf livres quinze, & la troisiéme, à neuf francs.

Trente quintaux de sucre en pain, à seize sols & demi la livre.

Quarante quintaux de cassonade, ou sucre non raffiné en poudre, à quinze sols la livre.

Huit quintaux de poivre, à vingt-neuf sols la livre.

Depuis la guerre de la France avec l'Angleterre, les draps & les serges ont augmenté de vingt pour cent, & le sucre & le poivre d'un tiers pour cent.

On ne vend point ici de caffé de l'Amérique, comme dans les autres pays de Turquie, où il s'en fait une grosse consommation. Il est défendu au moulin, ou pour parler plus juste, au pilon public, de le brûler & de le piler: car les Turcs pilent le caffé au lieu de le moudre ; & ils croient que cette façon de le préparer le rend beaucoup plus fin & plus délicat.

Chio avoit autrefois des Pachas pour Gouverneurs ; mais la Porte n'y envoye aujourd'hui qu'un ſimple Mucellem, ou un Mouhacil : ce ſont des Fermiers, ou Gouverneurs du ſecond ordre, qui afferment tous les revenus de l'iſle. Ces revenus ſont attribués au Selikhtar-Aga, ou Porte-ſabre du Grand Seigneur, & grand Maréchal de ſa Cour. Ils rapportent cinq cent vingt-cinq mille livres, quand le maſtic y eſt compris : ce qui arrive quelquefois. De plus ces Fermiers retirent les droits de tout ce que l'iſle produit : ils afferment auſſi les douanes & le *Kharatch*, ou tribut des Chrétiens & des Juifs.

La juſtice eſt rendue ici par un Cadi de la petite claſſe : ſes épices peuvent monter à mille écus par mois.

Le Janiſſaire Aga parvient à ce grade par rang d'ancienneté, ſans rien payer : il commande le château & les Janissaires qui y sont bonne garde toute la nuit : les sentinelles observent de jetter de tems en tems de grands cris pour montrer qu'elles ne sont pas endormies.

Il y a aussi autour de l'isle des tours fort élevées, dans lesquelles les paysans des villages voisins sont obligés de faire la garde chacun à leur tour au nombre de six, & afin qu'ils puissent envoyer quelqu'un d'eux à la ville avertir le Gouvernement de tous les vaisseaux, fluttes, dogues, polacres, barques, pinques & Tartanes qui paroissent à la vûe de l'isle, faute de quoi on leur donne la bastonnade, quand de la ville on a apperçu les bâtimens avant leur arrivée.

Les Catholiques ont ici un Evêque, une trentaine de Prêtres & sept à huit Clercs qui payent tous le tribut, quoique les Papas ou Prêtres Grecs en soient exempts, comme dans tout l'empire Ottoman. Les Latins de cette isle ne veulent point d'Evêque étranger, dont les intérêts puiſſent être ſéparés des leurs. Il faut qu'il ſoit *Raiïa* ou ſujet du Grand Seigneur comme eux, & ils l'empêchent de jouir des privileges du *Barat*, qui eſt un diplome d'exemption & de franchiſes que l'Ambaſſadeur de France à Conſtantinople lui obtient de la Porte, dès qu'il eſt nommé, de même qu'à tous les Evêques Latins des iſles de l'Archipel : ce qui eſt cauſe que ce pauvre Evêque eſt mis en priſon, & quelquefois aux galeres, quand il y a quelque affaire épineuſe.

L'Evêque a ſous lui un Grand-Vicaire & quatre Curés qui deſſervent l'Egliſe de Saint-Nicolas, cathédrale & unique paroiſſe de cette iſle. Cette Egliſe eſt aſſez grande : le Service divin s'y fait avec beaucoup de décence & de modeſtie, tant de la part des célébrans que des aſſiſtans. L'Evêque n'en commande que le chœur : la police & le reglement de la nef appartiennent

tiennent aux Primats qui en sont fort jaloux, & permettent ou refusent à nos Missionnaires d'y prêcher & confesser, selon qu'ils le jugent à propos.

Les Catholiques ont encore trois autres Eglises ou Chapelles dans la campagne, aux environs de la ville: mais elles sont si petites qu'il y tient à peine quarante personnes. Comme elles ne servent ordinairement que l'été, l'on y entend la Messe de dehors. Ils avoient autrefois plusieurs Eglises & Couvens dans la ville & à la campagne, dont le plus grand nombre a été converti en Mosquées, quand les Vénitiens abandonnerent l'isle: les autres ont été ruinées partie par le tems, partie par la violence des Turcs & des Grecs qui les abbattirent alors.

Les Jesuites ont une maison & point d'Eglise, la leur n'ayant pû être rebâtie depuis qu'elle fut abbattue au départ des Vénitiens. Il y a ordinairement ici deux ou trois de ces Religieux, François, Chiots, ou Italiens.

Les Capucins ont une Eglise privée qui ne peut servir que pour le Vice-consul de France & la nation Françoise : ils tiennent ordinairement ici deux Religieux dans leur couvent qui est aussi privé. Leur Eglise & leur couvent qui étoient hors de la ville, furent abattus au départ des Vénitiens, & l'établissement qu'ils ont aujourd'hui est nouveau, & fait partie de la maison consulaire qui appartient au Roi.

Les Socolans ou Picpus ont une maison, & leur Eglise ayant été préservée de la ruine générale après le départ des Vénitiens, parce qu'elle fut déguisée en magasin, ils ont eu le secret de la faire rebâtir à neuf depuis deux ans, de même que leur couvent, à force d'argent & par la protection de la reine de Hongrie. Cette Eglise, qui est petite, ne peut contenir qu'une centaine de personnes : les Socolans ont ici deux à trois religieux & un frere laïc.

Les Dominicains ont perdu leur Eglise & leur couvent après le départ des Vénitiens : il y en a cependant toujours ici qui sont naturels du pays : ils payent le tribut, logent chez leurs parens & ne vivent point ensemble.

La France tient à Chio un Vice-consul dépendant du Consul de Smirne : il a six cens livres d'appointement, & un droit d'ancrage de quinze francs par bâtimens François, qui y viennent ordinairement pour relâcher, quand le tems est contraire ou mauvais, & prendre des rafraîchissemens dans les voyages de France, d'Egypte, de Smirne & de Constantinople. Il peut aborder ici cent cinquante bâtimens année courante.

Les Anglois ont un Vice-consul qui a quinze cens livres d'appointement.

Les Suedois, les Napolitains & les Vénitiens en ont aussi chacun un ; mais ce sont des naturels du pays qui ont recherché ces emplois pour se mettre à l'abri des avanies des Turcs, qui les tiennent cependant toujours fort bas, desorte qu'ils ne sont guères en état de protéger les sujets des Couronnes qui les emploient. Ils retirent un droit d'ancrage de leurs bâtimens.

Il y a dans cette isle cinq à six François ou Françoises, & une centaine de petits-fils ou arriere-petits-fils de François mariés à des femmes du pays, & qui ne sçavent parler d'autre langue que le Grec vulgaire. Ils n'ont rien de François; ils sont dans la misere, & sans d'autre ressource pour s'en tirer, que de travailler à la soie comme la plûpart des Chiots de la ville.

On compte dans l'isle sept à huit cens Eglises Grecques, & autant de Papas ou Prêtres Grecs & Caloyers ou Moines : soixante de ces Eglises sont dans la ville, & le reste dans les villages & dans les campagnes. Il y en a au moins les trois quarts dans lesquelles on ne dit la Messe qu'une fois l'année, le jour de la fête de l'Eglise. Le plus grand nombre de ces Eglises est situé dans les terres des particuliers Grecs & Latins : ces derniers, pour le bien de la paix, en ont soin comme les premiers.

Les Grecs ont à Chio un Archevêque, qui n'a cependant aucun évêché sous sa jurisdiction.

Il y a ici onze Monasteres de Moines Grecs, qui sont tous situés hors de la ville & sur des montagnes, ainsi que la plûpart des Eglises. Ces Monasteres ressemblent à des petits bourgs par leur étendue, & peuvent contenir quatre cens Caloyers.

Le plus beau de ces Monasteres est celui de Nea-Mony : il est à deux lieues de la ville, ou environ : on y va par des chemins fort mauvais, dans lesquels il n'y a que les mulets qui puissent passer. La plûpart des Religieux en ont, & les envoient volontiers à la ville pour servir aux personnes qui ont la dévotion ou la curioſité de faire cette eſpece de pelerinage. On les reçoit à leur arrivée dans un appartement aſſez propre, deſtiné aux hôtes, & on leur donne deux pains d'une livre chacun par jour, tant qu'ils y reſtent, & autant à leur départ. On en diſtribue autant à tous les paſſans qui ſe préſentent; & comme une famine extraordinaire a fait monter le pain cette année à trois ſols & demi la livre, les payſans des villages circonvoiſins, qui ont affaire à la ville, ſe ſont détournés de deux heures de leur chemin pour aller à Nea-Mony y recevoir ce préſent, ſans qu'on en ait refuſé à aucun.

Ce Monaſtere contient deux cens Caloyers, parmi leſquels il n'y a qu'une vingtaine de Prêtres: les autres ſont Laïcs. Ils ont chacun leur maiſonnette bâtie en pierre comme toutes celles de l'iſle. Elles conſiſtent en une chambre au rez de chauſſée, & une au-deſſus: tous ces appartemens forment un petit bourg clos des murailles des maisons, au milieu desquelles se trouve une fort belle Eglise; elle est isolée & a été fondée, suivant la tradition du lieu, l'an de grace mil cinquante, par l'empereur Constantin Monomacos.

Ce Prince, quelque tems avant son avénement à l'empire, étant rélégué dans l'isle de Lesbos, aujourd'hui Metelin, vint à Chio pour se confesser & y visiter des Caloyers célébres par leur austérité. Il demanda à son arrivée dans l'isle, quel étoit le plus célébre de tous: on lui en indiqua un qui se tenoit dans un hermitage éloigné de deux heures de la ville, avec un autre solitaire; il alla le trouver, se confessa à lui, & voulut ensuite lui faire une aumône suivant l'usage de l'Eglise Grecque; mais le Caloyer ne voulut rien recevoir. Il prédit au Prince, à ce que l'on dit dans le pays, que dans le terme de six mois il parviendroit à l'empire, & il le pria de faire bâtir alors une Eglise pour y conſerver décemment une image miraculeuſe de la Sainte Vierge qu'il gardoit dans ſon hermitage, & qu'il avoit trouvée de la maniere qui ſuit;

Un ſoir, dit-il au Prince, *que je me promenois avec mon camarade aux environs de cet hermitage, j'apperçus une lumiere dans un buiſſon: je dis à mon ami d'aller voir ce que c'étoit; mais quand il fut proche du buiſſon, il n'y vit plus rien. La même choſe étant arrivée le lendemain & le ſur-lendemain, nous concertâmes avec mon compagnon, le quatriéme jour, de mettre le feu aux brouſſailles & de les brûler toutes; ce que nous exécutâmes, & tout fut conſumé à l'exception d'un petit buiſſon de myrthe que nous examinâmes curieuſement de tous côtés, & dans lequel nous trouvâmes ce tableau. Nous le portâmes à notre hermitage, & ne l'y ayant point retrouvé le lendemain matin, nous le cherchâmes inutilement, juſqu'à ce qu'ayant été viſiter le myrthe qui avoit échappé aux flammes, nous l'y retrouvâmes à la même place où il étoit le jour précédent. Nous le reportâmes à l'hermitage, & l'ayant perdu & retrouvé de la même façon le jour suivant, nous jugeâmes que la Sainte Vierge vouloit que son image fût révérée dans cette place, & nous y bâtimes l'oratoire que vous voyez.*

Constantin promit à son Confesseur de faire bâtir, non-seulement l'Eglise qu'il lui demandoit, mais de plus un monastere pour loger ceux qui la desserviroient. Le Caloyer le remercia, & lui représenta que quand il seroit Empereur, la multiplicité des affaires lui feroit peut-être oublier sa parole, & qu'il seroit impossible à un pauvre hermite de parvenir jusqu'à lui pour l'en faire ressouvenir : sur quoi Constantin tira une bague de son doigt, & la lui remit pour gage de sa parole.

La prédiction du Caloyer fut accomplie : Constantin parvint à l'empire, six mois après, & les deux hermites s'étant rendus à Constantinople pour ſommer l'Empereur de tenir la parole qu'il leur avoit donnée, paſſerent trois ans ſans pouvoir entrer dans ſon palais, parce qu'ils ne vouloient confier leur gage à perſonne. Ils trouverent enfin moyen de parvenir juſqu'à l'Empereur, & lui ayant préſenté leur requête, il leur dit qu'il ne les connoiſſoit pas, & ne ſçavoit pas ce dont ils vouloient lui parler; mais ſon Confeſſeur lui ayant remis l'anneau qu'il lui avoit donné en gage, Conſtantin ſe rappella ſon avanture de Chio, donna ſur le champ ſes ordres pour qu'on bâtit ſur l'hermitage des Caloyers une magnifique Egliſe, fonda les Caloyers, & leur aſſigna pour leur ſubſiſtance les douanes de Chio, de Smirne & de Metelin.

Cette Egliſe eſt véritablement magnifique; elle eſt bâtie dans le goût de Sainte-Sophie de Conſtantinople, tant au-dedans qu'au-dehors, & peut avoir quarante pieds d'élévation dans la plus grande hauteur du dôme. Elle forme un quarré long d'environ vingt pieds, qui est terminé par le *Sancta Sanctorum*, où se fait le sacrifice comme dans les autres Eglises Grecques; mais elle a de plus un parvis fermé & garni de stales pour les Caloyers laïcs: à l'égard des Prêtres ils se mettent dans les stales de l'Eglise; ces siéges sont tous de bois de noyer fort bien travaillé. Ils garnissent les trois côtés de l'Eglise à la hauteur d'un homme: le reste des murailles, qui fait avec les stales la moitié de la hauteur, est incrusté de marbre & de porphyre dont le dessein forme des tableaux, des quadres & des cercles, de même que le pavé.

Les vingt autres pieds de hauteur ne sont point des murailles unies: ce sont huit demi-dômes qui en soutiennent un grand, le tout couvert de tableaux qui représentent la vie de Jesus-Christ & de la Vierge, en mosaïque fort bien conservée sur un fond d'or. Au milieu du dôme est Jesus-

Chriſt entouré des douze Apôtres.

J'aſſiſtai le ſoir à cinq heures à Vêpres, & le lendemain matin à pareille heure à la Meſſe, après laquelle le Supérieur du couvent nous montra les reliques qui y ſont gardées dans un coffre d'argent : il en fit l'ouverture devant nous, & en tira d'abord un petit coffret d'argent travaillé en filigrane, dans lequel étoit un pouce fort bien conſervé, que la tradition dit être le pouce de la main droite de Saint Jean-Baptiſte. Toutes les perſonnes de ma compagnie le prirent ſans façon dans les mains, le toucherent & le baiſerent de même que les autres reliques pour leſquelles on n'a point dans ce monaſtere, non plus qu'à l'Egliſe patriarchale de Conſtantinople, ni dans les autres Egliſes Grecques, le même reſpect que les Catholiques ont pour les leurs. Ils n'ont aucun titre autentique, & ſouvent ils montrent des reliques en diſant que ce ſont des os de Saints, ſans ſçavoir de qui. On nous en montra une dans ce genre, toute enchaſſée d'argent comme une pierre d'aimant.

Le pouce de Saint Jean n'a point d'ongle. Le Supérieur du couvent ſçachant que notre compagnie étoit compoſée de François pour la plûpart, nous dit que cet ongle étoit en France : je penſe qu'il dit aux Italiens qu'il eſt en Italie, & ainſi des autres Nations.

Ces Religieux nous montrerent auſſi un morceau de la vraie Croix, gros comme le petit doigt, & auſſi long, enchaſſé dans de l'argent. Le bois eſt découvert, ſans glace ni criſtal deſſus.

On nous fit voir enſuite un morceau du crâne de Saint Theodore, qui me parut extraordinairement épais ; & la main de l'un des Caloyers ci-deſſus, fort bien conſervée.

Quelques perſonnes diſent que dans les commencemens il n'y avoit dans cet hermitage que trois Caloyers, qu'ils nomment Nicetas, Jean, & Joſeph ;

ils ſont peints dans un tableau qui eſt dans la nef au-deſſus d'un coffre de marbre, long de trois pieds ſur deux de large, dans lequel on conſerve leurs oſſemens qu'on ne nous montra point.

Les femmes n'entrent point dans ce monaſtere: quand elles y vont en pelerinage, on leur porte les reliques à la porte. Les Religieux y ont des animaux femelles, tels que des poules & autres animaux: ce que les Caloyers du Mont Athos n'approuvent & ne pratiquent point chez eux, où ils ne laiſſent entrer aucune ſorte de femelle.

Le tabernacle de cette Egliſe eſt d'argent: on n'y conſerve point l'Euchariſte, de peur que les Turcs qui vont viſiter ce monaſtere, le plus ſouvent par curioſité, & quelquefois par dévotion, ne veuillent la voir & l'examiner: ce que les Grecs n'oſeroient leur refuſer.

Derriere le tabernacle l'on montre

un morceau de marbre rouge, qu'on dit être la place où étoit le mirthe dans lequel fut trouvé le tableau de la Vierge : cet arbrisseau est fort commun dans toute cette isle.

Les cloches de ce monastere ont trois pieds de circonférence : il y en a trois, chose remarquable dans la Turquie, où l'usage en est absolument défendu.

Les revenus de Nea-Mony sont immenses : ce monastere a des biens dans l'isle de Chio, dans la terre-ferme de Natolie vis-à-vis, dans les isles de l'Archipel, & jusqu'en Moscovie. Ces biens qui consistent en terres, sont partagés en espece de prieurés qui fournissent une honnête subsistance aux Moines qu'on y envoie pour les régir, sans compter les sommes qu'ils envoyent au couvent, & dont on prétend que la Communauté forme un trésor qui leur sert pour contenter de tems en tems la cupidité des Turcs.

Les Moines, nonobstant ces richesſes, ſont aſſez mal nourris : ils ont deux pains bien bis d'une livre chacun par jour, & une fois pour toute l'année quatre-vingt dix livres d'oignons, vingt-cinq livres de pois-chiches, cinquante livres de féves ou haricots, quarante livres d'olives, quand la recolte de ce fruit eſt abondante : ce qui n'arrive que tous les deux ans. On leur donne auſſi trois pintes de vin par ſemaine depuis le premier Novembre juſqu'au premier de Mars ; deux pintes par ſemaine depuis le premier de Mars juſqu'au dernier de Juin ; & le reſte de l'année ils boivent de l'eau de leur cîterne.

Cependant, comme ces proviſions ne leur ſuffiroient pas pour vivre, on diſtribue à chacun une certaine quantité de terres qui appartiennent au monaſtere, & qu'ils cultivent eux-mêmes pour leur compte particulier : ce qui ne les empêche pas d'aſſiſter régulierement tous les jours à la Meſſe & à Matines. On ne leur fait

fait grace que des Offices du jour.

Il eſt bon de remarquer que tous ces Caloyers ſont payſans, & qu'ils reçoivent difficilement dans leur monaſtere les gens de la ville: & ceux d'entre ces derniers qui ſont reçus, ne peuvent jamais en être Supérieurs. Tous les Caloyers payent à leur entrée trois cens ſoixante livres, moyennant quoi ils ſont là pour toute leur vie, à moins qu'ils ne commettent quelque faute conſidérable pour laquelle on les en chaſſeroit.

L'année 1746 ayant été fort mauvaiſe, & toutes les récoltes ayant manqué par une ſéchereſſe de dix-huit mois, les Moines ont été réduits au pain ſeul; ſauf à eux à ſe pourvoir du reſte.

Il y a dans ce couvent une bibliothéque, qu'on dit être fort belle, & très-riche en manuſcrits; mais on ne la montre plus depuis qu'un étranger engagea, à force d'argent, le Bibliothécaire à lui vendre un manuſcrit rare.

L'on voit à Calimachia, à deux lieues au Sud de la ville, un monaſtere de Religieuſes Grecques, dont la porte eſt ouverte à tous venans, hommes & femmes. Les étrangers vont viſiter ces Religieuſes par curioſité, & pour leur faire chanter des Pſeaumes, qu'elles chantent fort bien : elles ont ſoin d'avoir toujours de belles voix parmi elles. La Communauté eſt ordinairement de cinquante ; elles ne ſont point ſoumiſes à la clôture, & vont ſouvent ſeules chez leurs parens où elles paſſent pluſieurs jours avec la permiſſion de l'Abbeſſe. Cette Dame paya, il y a quelques années, une amende au Gouverneur de l'iſle, parce qu'une de ſes Religieuſes fut convaincue d'avoir fait un enfant.

Les Latins ont auſſi des Religieuſes, qui ne le ſont gueres que de nom ; car elles habitent chez leurs parens, & ne font pas difficulté, du moins pour la plûpart, de quitter leur état pour se marier, quand l'occasion s'en présente : elles s'abstiennent dans leurs habits de couleurs voyantes ; elles portent un turban plus petit que les autres femmes, & coupent deux frisons de cheveux que les Chiotes laissent pendre des temples sur leur joue. Il y en a deux actuellement, vêtues en Dominicaines : mais elles ne sont liées par aucun vœu.

Les Chiots en général sont sobres. Plusieurs naturels du pays m'ont dit que c'étoit plûtôt par économie que par tempérance ; car, quand ils sont à la table d'autrui, ils mangent & boivent volontiers, & beaucoup. Ils préferent le vin de leur isle à tous ceux des environs. Samos & Tenedos produisent d'excellens vins muscats, & les environs de Maïta, proche le château d'Europe aux Dardanelles, un fort bon vin sec. Ils mangent sur des tables comme les Européens, & préparent leur manger, partie à l'Européenne, & partie à la Turque : quand ils donnent à manger à quelqu'un, ils le font avec profusion, mais ils n'y reviennent pas souvent. Les femmes prennent tous les matins un bouillon, & l'après-midi de la conserve de rose, de l'orgeat ou du sirop de violette, de citron ou de capillaire: dans leurs couches elles ne boivent que du sirop de pommes que les Chiots font fort bien, de même que plusieurs especes de confitures, & entr'autres la pomme de sauge & le scorsonere.

Leurs maisons sont assez solidement bâties en pierre; mais les portes & les fenêtres sont trop grandes, aussi-bien que les appartemens, qui sont fort mal meublés. La distribution des chambres est très-mal ménagée: ce qui fait qu'ils ont une fois moins de logement qu'on n'en a en Europe sur un terrain de la même étendue.

Leurs maisons de campagne sont plus belles que celles de la ville: l'entrée sur-tout a quelque chose de beau & d'agréable. Les portes en sont grandes & cintrées. Les pierres, qui forment le chambranle, sont alternativement rouges & blanches, & ressemblent de loin à du marbre. Les deux côtés de la porte en-dehors sont garnis de bancs de pierre, sur lesquels on s'assied pour prendre le frais tous les soirs & les jours de Dimanche & de Fêtes. L'on y voit de grandes compagnies de femmes & de filles qui y sont en toute liberté. Elles ont le même agrément en ville, où elles restent sur le pas de leurs portes sans que les Turcs les inquiétent.

Le dedans de la cour est pavé de grandes pieces de pierre dure. D'un côté est la maison bâtie en forme de tour, dans laquelle on peut se défendre en rompant l'escalier de pierre, ou en levant celui de bois. Les escaliers sont toujours en-dehors des maisons : il y en a même qui ont des ponts-levis. De l'autre côté est un grand bassin, aux quatre coins duquel sont des colonnes quarrées bâties en pierres rouges &

blanches. Il y en a de ſemblables dans la cour, & une enfilade qui forme, vis-à-vis la porte de la maiſon, une allée qui conduit au jardin: toutes ces colonnes ſont couvertes de treilles de fort beau raiſin.

A côté du baſſin eſt un grand puits à roue: trois, quatre, & quelquefois ſix mulets, ſelon la grandeur du jardin, tournent jour & nuit pour tirer l'eau des puits qui entre dans le baſſin, & eſt diſtribuée enſuite par des rigoles dans toutes les parties du jardin, pour y arroſer les orangers & les limoniers, que les Jardiniers tiennent ici fort bas: ils les empêchent par toutes ſortes de moyens de s'élever, prétendant que cette maniere de les cultiver leur fait porter plus de fruit: ce qui eſt l'unique choſe qu'ils recherchent, ſans s'attacher à rendre leurs jardins ni beaux, ni réguliers; deſorte qu'on n'y trouve pas une allée pour s'y promener: il y en a qui contiennent juſqu'à mille pieds d'orangers ou limoniers, ſans compter quelques autres arbres fruitiers, mais en petit nombre : ils ont entr'autres une prune nommée *Bardaſſine*, qui eſt délicieuſe, ſoit qu'on la mange dans ſa fraîcheur, ſoit après être ſéchée.

Les Chiots paſſent ordinairement ſept à huit mois de l'année dans leurs maiſons de campagne : ils s'y plaiſent beaucoup plus qu'à la ville, où ils ſe trouvent mêlés avec les Turcs qui les tiennent fort bas : ils y envoyent leurs familles après Pâques, & ne les font revenir qu'à la fin de Novembre. Mais comme les affaires des hommes ſont dans la ville, ils y viennent régulierement tous les matins, & retournent le ſoir à la campagne.

La plûpart de ces maiſons ſont au Sud de la ville, dans une plaine qui a environ quatre milles de longueur ſur un, deux & trois milles de largeur : ſa plus petite étendue eſt au ſortir de la ville, & va toujours en s'élargiſſant : elle eſt preſque entierement environnée de montagnes, excepté la moitié de la partie du Couchant qui eſt au rivage de la mer, d'où elle reçoit un vent qui la rafraîchit en été.

Cette campagne, que l'on appelle le *Campo* ou le champ par rapport à ſa ſituation, forme une ſeconde ville dont les maiſons ſont bien bâties : tous les jardins ſont entourés de murailles pour mettre le fruit en sûreté. Il y a quelques champs répandus çà & là, qui ne ſont point murés, & qui font trouver la campagne dans cette ſeconde ville, où il regne une ſi grande sûreté, de même que ſur toute l'iſle, que les femmes & les filles font ſouvent toutes ſeules le voyage de la ville à pied, ſi elles en ſont voiſines, & ſur des mulets ou ſur des ânes lorſqu'elles en ſont éloignées.

Les hommes, pour la plûpart, ſe ſervent auſſi de mulets ; il y en a peu qui ayent des chevaux. Toutes ces montures ſont dreſſées à aller l'amble, & font par conſéquent beaucoup de chemin en peu de tems, sans quoi les Chiots n'en veulent point. Il y a dans l'isle une grande quantité de mulets que l'on fait venir de la terre-ferme d'Asie ; les uns servent de monture, & les autres sont employés à tirer l'eau des puits, jusqu'à ce que les pluyes d'automne commencent : on envoye alors ces derniers dans un quartier reculé de l'isle, où ils sont sous la garde des paysans d'un village voisin de ce quartier. Là, ils passent l'hiver à brouter en troupeaux dans les campagnes, & ils couchent en plein air, sans en être incommodés ; car le climat de l'Isle est fort tempéré. Lorsqu'au printems les pluyes ont cessé, les paysans auxquels on les a consignés, & qui les ont gardés pendant l'hiver, les ramenent à la ville, où le maître du mulet leur donne six livres de notre monnoye pour leur peine, moyennant quoi on épargne l'orge qu'il auroit fallu leur donner pour nourriture pendant la rigueur de la saison : c'est avec l'orge qu'on nourrit les chevaux & les mulets dans la Turquie ; on ne leur donne pas d'avoine.

Les mulets valent communément ici deux à trois cens livres : ils sont ordinairement fort beaux : on se sert pour les monter, de bâts faits exprès pour cet usage, & fort commodes : il n'y a que peu de Chiots qui montent ces mulets en cavaliers, je veux dire, jambe deçà & jambe delà : le plus grand nombre s'assied sur le bât comme les femmes ; ils observent de tenir toujours la bride de la main gauche, de quelque façon qu'ils soient assis : quiconque la tiendroit de la main droite seroit regardé comme quelqu'un de fort singulier.

Les meubles des Chiots, à la campagne comme à la ville, ne consistent qu'en un mauvais lit de planches posées sur deux trétaux fort élevés de terre, & garni d'un soubassement qui sert à cacher le dessous du lit : car ils en font une serre qui est presque toujours remplie de fruits. La plûpart des Chiots n'ont à leur lit qu'un matelas: ils le retournent à moitié pendant le jour, & cachent dessous ou mettent à côté la couverture & les draps pliés en sept à huit doubles ; de façon que la moitié des planches du lit sert encore de table ou de siége. Quelques-uns, mais en petit nombre, ont des lits de fer doré, & à colonnes de même métal, surmontées de figures de Saints ou de marmousets: ces lits ne sont point garnis, excepté quand ils sont malades ou que leurs femmes sont en couche: on garnit alors la partie de la muraille qui est au chevet, & celle qui est à côté du lit, d'un tapis de laine ou d'une tapisserie d'étoffe qui prend depuis le plafond jusqu'au matelas, sans descendre plus bas. Il faut observer que le lit est toujours dans un angle: ainsi il touche nécessairement à deux murs.

La muraille des fenêtres à la moitié moins d'épaisseur que celles du reste de la maiſon : ce qui fait que chaque fenêtre forme à droit & à gauche un angle dans lequel eſt placée une pierre ſaillante qui ſert de ſiége. Trois à quatre petits eſcabeaux de bois d'un demi pied de hauteur, cinq à ſix chaiſes de même matiere, autant de fauteuils garnis de cuir ſur le bois, fort vieux ou faits à l'antique, avec une grande table longue de bois de noyer, & trois à quatre grands coffres de bois ſemblable, ſont les ſeuls meubles qu'on trouve dans les ſalles : les chambres en ont encore moins. Les murailles des unes & des autres ſont toutes nues : on les blanchit tous les ans avec de la chaux : ce qui donne de la gaieté & du jour aux appartemens.

Quand le maître ou la maîtreſſe d'une maiſon vient à mourir, on renverſe la grande table dont je viens de parler, & elle reſte ainſi les pieds en haut pendant un an en ſigne de deuil. Les hommes le portent en noir, & les femmes en violet ou en pourpre, ou en bleu turquin, pour le cotillon & le corset. A l'égard des bas & du turban, ils sont toujours blancs; on diminue seulement alors la grosseur du dernier.

On voit sur la porte de beaucoup de maisons, des armoiries dans un écusson de pierre placé au milieu du cintre. Plusieurs sont anciennes comme celles des Justiniani, Grimaldi, &c. beaucoup sont modernes. Quiconque veut en avoir, peut en prendre sans que l'on s'en formalise: les Turcs ignorent ce que c'est, & ne font par conséquent point de recherches à ce sujet. Ainsi les Chiots qui se repaissent beaucoup de fumée, & qui ont un grand fonds de vanité, ne s'en font point faute, quoique le plus grand nombre soit dans la misere.

Les Chiots sont appellés les Gascons du Levant, par rapport à ce qu'ils sont d'un caractere jovial & d'un esprit fin; mais leur gaieté en général tient un peu de la folie, & leur finesse ressemble assez à la fourberie Grecque : il est bien difficile de n'être pas trompé, quand on a affaire à eux.

Je ne veux pas oublier de rapporter l'action de M. de Rians, Consul de France à Smirne, lors de la prise de Chio par les Vénitiens. Ces derniers, après la conquête de l'isle, ayant poursuivi l'armée navale des Turcs jusques dans la rade de Smirne, où ils alloient la brûler, M. de Rians sauva les Turcs qui n'étoient pas en état de se défendre, en allant à bord du Commandant Vénitien, pour protester contre tous les torts & dommages que sa démarche pourroit occasionner aux Négocians François, Anglois, Hollandois, & autres établis dans cette riche place de commerce : ce qui arrêta tout court l'Amiral Vénitien.

Les Catholiques, jusqu'à la prise de Chio par les Vénitiens, l'avoient toujours emporté sur les Grecs, & étoient les maîtres dans l'isle ; mais les principaux d'entre eux s'étant enfuis avec l'Evêque sur la flotte Vénitienne, quand ces derniers abandonnerent l'isle, les Grecs gagnerent le Général Turc, accuserent les Latins d'avoir appellé les Vénitiens & de leur avoir livré l'isle ; & ils vinrent à bout d'obtenir la démolition de toutes les Eglises Latines: ce qu'ils exécuterent eux-mêmes, aidés des Turcs, avec plus de fureur que les Infidéles. Ils engagerent aussi les Turcs à faire pendre les sieurs Justiniāni, Stella, Draco & Castely, qui étoient les principaux des Latins restés dans l'isle. Les Catholiques racontent que dans le tems & dans la place même où se faisoit cette exécution, une bombe qui y étoit restée depuis que les Vénitiens avoient quitté l'isle, prit feu & tua une vingtaine de Turcs: ce qu'ils regardent comme un miracle.

Les Grecs obtinrent alors un commandement du Grand Seigneur pour faire exiler de Chio tous les Latins. Le Sultan taxa le rachat des biens de l'isle à deux cens cinquante mille écus : & les Grecs ne se sentant pas en état de payer cette somme, & appréhendant d'ailleurs qu'une partie de ces biens ne fût achetée par les Turcs, firent révoquer l'ordre du Grand Seigneur, & se réunirent aux Latins, qui les aiderent à satisfaire à la contribution. Par ce moyen ils sauverent le commerce des soyeries, qui auroit été absolument ruiné, si les Latins eussent abandonné l'isle, comme ils étoient à la veille de le faire : car le plus grand nombre des Manufacturiers & des meilleurs Ouvriers, qui étoient tous Catholiques, avoient résolu de s'établir à Brousse, s'ils étoient obligés de quitter leur pays. Les Grecs se contenterent d'un ordre de la Porte, qui défendoit aux sujets du Sultan d'exercer comme auparavant l'emploi de Consul pour les Européens, parce que les Latins qui avoient cet honneur étoient trop distingués, & par-là se trouvoient exemts de de payer le tribut & les taxes; mais depuis ce tems-là les choses ont bien changé, & plusieurs naturels du pays exercent le Consulat, comme je l'ai marqué plus haut.

Les hommes sont habillés ici comme les Grecs de Constantinople, c'est-à-dire à la Turque, avec cette différence qu'ils font leurs habits fort justes, au-lieu que les Turcs les font extraordinairement larges : ils portent des bonnets pesans dix à douze livres, garnis de peaux d'agneau d'Astracan, dont la laine est naturellement frisée.

Les femmes ont une juppe ou cotillon qui tient à un corps; le tout est de la même étoffe, & ne fait qu'une seule piéce : ce corps est si étroit & si juste, que sans être baleiné il leur meurtrit la chair au-devant des épaules, & les leur fait courber, de sorte qu'elles paroissent bossues, quoiqu'elles soient naturellement droites. Leur corps est ouvert par-devant & laisse voir leur gorge; le sein est couvert d'une piéce de toile de cotton ou de drap, toujours blanche, qu'elles attachent au corps avec des épingles. La façon dont leur corps les serre leur ramasse sur la nuque du col une quantité de chairs qui ressemble à un goître : la beauté de cette partie du corps consiste ici dans sa grosseur.

Leur juppe ne descend qu'un peu plus bas que le genou ; elles portent dessous un cotillon de toile blanche de deux doigts plus long que la juppe : il est bordé d'une dentelle qui a un bon pouce de large, desorte qu'on voit presque toute leur jambe ; elles sont toujours en bas de cotton blanc, & chaussées d'un patin dont l'empeigne, qui est de peau blanche, couvre à peine les doigts du pied : malgré cela elles dansent avec beaucoup de grace & d'agilité : elles attachent au coup du pied & au derriere de leurs souliers, une houppe de soye cramoisie qui en reléve la blancheur,

& fait un fort bon effet. Elles portent des caleçons pendant l'hiver, mais il n'y a guères que les femmes qui s'en servent : la plûpart des filles n'en portent point.

Les belles jambes sont fort rares à Chio : les belles mains & les beaux bras le sont encore davantage, soit parce que les Chiotes travaillent beaucoup, soit parce qu'en Eté elles relevent les manches de leurs chemises jusqu'aux épaules, & ont toujours les bras nuds ; elles portent en hiver, outre le corps & cotillon dont j'ai déja parlé, un petit casaquin d'un pan, ou tout au plus d'un pied de longueur.

Leur coëffure consiste en une coëffe de toile de cotton, sur laquelle des coëffeuses de profession étendent en rond, avec beaucoup d'industrie & de travail, deux aunes de mousseline bien blanche & bien gommée ; ce qui forme un gros turban plat par-dessus, qui porte environ une aune & demie de circonférence. Elles ont des pendans d'oreille d'un pouce en quarré.

Le sexe est généralement beau à Chio; la liberté & la galanterie des femmes y a quelque chose de frappant & d'engageant, sur-tout pour les Levantins, & pour ceux qui ont vécu long-tems dans leur pays, où les femmes sont fort gênées & ne paroissent jamais à découvert: cependant l'avantage de la beauté du sang des Chiotes est bien diminué par la laideur de leurs longues dents déchaussées, de leurs jambes, de leurs mains, & de leurs bras, sans compter qu'elles sont dans l'usage de se beaucoup farder: ce qui gâte leur tein de bonne heure. Elles sont en général libres, engageantes, & cependant fort sages. Elles aiment extrêmement la danse, les chansons, la promenade & les divertissemens, pour lesquels elles ne quittent pourtant point leur travail: on ne les voit se donner à leurs plaisirs que les jours de Dimanche & de Fête.

Les filles observent ordinairement la religion de leurs peres & meres: mais il arrive souvent qu'en prenant un mari d'une religion différente de la leur, elles abandonnent celle du pere pour suivre la religion du mari. J'ai vû arriver plusieurs fois la même chose à Constantinople & à Smirne; ce qui avoit obligé un Ministre Hollandois de Smirne de refuser constamment d'admettre à la Communion les filles de sa nation. Ce qu'il y a de fort scandaleux ici, c'est que plusieurs femmes Grecques, & quelquefois des Latines, y épousent des Turcs & leur donnent des enfans qui suivent la religion du pere: quelques-unes, pour prévenir ce dernier mal, en font un autre, & perdent leur fruit, quand elles sont enceintes. Les Prêtres Catholiques aussi-bien que les Grecs, ont en vain tenté différens moyens pour empêcher ces alliances. Ils ont été jusqu'à priver des Sacremens à l'article de la mort, & ensuite de la sépulture les femmes qui refusoient de rompre ces engagagemens. Les exemples n'ont servi de rien ; ces alliances se perpétuent, & lorsque les Prêtres refusent d'enterrer les femmes mariées à des Turcs, lesquelles sont mortes sans se séparer de leurs maris, ceux-ci les font porter en terre par un crocheteur.

Les Chiots ont tous des surnoms ou sobriquets, parmi lesquels il y en a plusieurs qui, quoiqu'injurieux, n'affectent cependant point les personnes auxquelles on les donne : tels sont ceux de teigneux, yvrogne, &c. Chaque famille a le sien ; ce qui n'empêche pas d'en donner de nouveaux aux particuliers de cette même famille, quand l'occasion s'en présente.

Chio est le pays du Levant où les Médecins sont le plus respectés : les Turcs, en considération de leur profession, leur permettent de porter des chaussures de maroquin jaune, & des habits de couleurs voyantes, comme eux : ce qui est défendu à tous leurs sujets. Les Chrétiens leur donnent le titre de *Micé*, qui revient à celui de *Monsieur* ; & à leurs femmes celui de *Madony*, qui signifie *Madame* : ils sont tous Chrétiens naturels du pays, & n'exercent la Médecine qu'après avoir fait leurs études en Italie, soit qu'ils soient Grecs ou Latins. On en fait beaucoup de cas à Chio & dans les environs.

M. N...... Prélat de la Cour de Rome, natif de Chio, fonda, il y a environ cent ans, cinq bourses à Rome, dans le College du Pape, pour y élever cinq jeunes gens de Chio, nés de peres & meres Grecs devenus Catholiques. Depuis ce tems-là, la moitié de ce fonds ayant été dissipée, l'autre moitié sert à élever deux ou trois Grecs Schismatiques, auxquels les Latins, pour entretenir la paix avec les Grecs de l'isle, sont obligés de donner des attestations, qui ordinairement sont contraires à la vérité ; car elles portent que les peres & meres des jeunes gens qui obtiennent ces bourſes étoient Grecs, & ſont rentrés dans le ſein de l'Egliſe.

Il y a au Nord de la ville une plaine remplie de maiſons de campagne, & de jardins pleins d'orangers; mais cette plaine n'eſt ni ſi grande, ni ſi belle que celle du *Campo* qui eſt au Sud, & dont nous avons déja parlé.

On trouve à une heure de diſtance de Chio, du côté du Nord, & preſque au bord de la mer, un grand morceau de rocher qui ſemble s'être détaché d'une montagne voiſine, & auquel les gens de la ville & de la campagne donnent le nom de *Scola di Homero*, ou *Ecole d'Homere*. On voit au milieu de ce rocher les pieds d'un ſiége travaillé dans le roc. La tradition du pays porte que c'étoit jadis un fauteuil dans lequel Homere s'aſſeyoit pour donner ſes leçons à ſes écoliers, qui faiſoient un cercle autour de lui, aſſis ſur des petits eſcabels taillés dans le même roc. Sur quoi j'ai remarqué que la place ne pouvoit contenir qu'une quinzaine de personnes : ce qui faisoit un petit nombre de disciples pour un si habile maître. D'ailleurs ce rocher est éloigné d'une heure de chemin de la ville, ce qui devoit leur faire perdre bien du tems pour s'y rendre.

Les Chiots ont des réglemens pour la peste, comme l'on en a dans l'Europe Chrétienne : ils élisent tous les ans (je parle de ceux qui sont Chrétiens) des Intendans de santé, qui sont chargés d'avoir soin des pestiferés, de l'hôpital dans lequel on les met, de la maison des convalescens, de la désinfection des hardes & des meubles, & des enterremens qu'ils font toujours précéder d'un crieur public, pour avertir le monde de s'écarter.

On voit à deux milles de distance de la ville, un hôpital pour les lépreux. J'y trouvai une trentaine d'hommes & de femmes dont la plûpart étoient affreux à voir, & imprimoient de l'horreur : cet hôpital ne sert que pour les Chrétiens de Chio, & pour ceux des isles de l'Archipel. On a remarqué que les Turcs de cette isle ne sont point attaqués de ce mal : ce qui sembleroit appuyer l'opinion des personnes qui croient qu'il ne provient que de la quantité de poisson salé, & quelquefois corrompu, dont les Grecs font un grand usage, sur-tout dans leurs carêmes.

La lépre commence à se manifester par les bras & par les jambes, qui perdent d'abord le sentiment. Les lépreux n'en ont aucun depuis la ceinture jusqu'aux pieds. *Le coffre du corps* se défend plus long-tems des atteintes du mal. Les lépreux sont également incommodés des chaleurs & du froid : il leur arrive quelquefois de se brûler les extrêmités qu'ils présentent au feu sans le sentir : les mois de Mai, Juin, Septembre & Octobre, leur sont également contraires : de tous les alimens il n'y a que le bouillon dont ils ne ſoient point incommodés : ils y font cuire du ris qui eſt fort commun dans le Levant ; mais quand par la ſuite du tems le mal a fait des progrès, & que les ulceres commencent à paroître, ils ſont réduits à ne prendre que du bouillon pour toute nourriture.

Les hommes, au commencement de leur maladie, ont quelquefois de foibles ſentimens de virilité : mais il leur eſt impoſſible de les effectuer, ce qui fait qu'on ne prend aucune précaution pour ſéparer les deux ſexes, quelque jeunes que ſoient les malades qui vivent quelquefois trente, quarante & cinquante ans avec ce mal.

Les Chrétiens éliſent tous les ans entr'eux cinq chefs ou ſyndics, dont trois ſont Grecs, & deux Catholiques : ces officiers ſont chargés de faire la répartition des taxes que les Chrétiens ont à payer, & d'accommoder les différends qui ſurviennent entr'eux, lorſque l'accommodement eſt facile à faire, ce qui eſt aſſez rare : car ſi on compare les Chiots aux Gascons pour l'esprit & la vivacité, on peut aussi les comparer, à beaucoup plus juste titre, aux Normands pour l'esprit de litige qui regne chez eux: l'on voit journellement ici les freres, les sœurs, & autres parens & alliés, se citer chez le Cady, qui, comme le Juge de la fable, mange l'huitre, & laisse les coquilles aux Plaideurs.

Les Catholiques ont cette manie comme les Grecs. Au reste ils tiennent une assez bonne conduite: ils sont fort assidus aux offices de l'Eglise; ils entendent, sur-tout les femmes, quatre à cinq Messes les jours de Dimanche & de Fête, & se confessent, comme d'un péché, de n'en avoir entendu qu'une: ils disent régulierement tous les soirs le Rosaire en famille, & font des retraites assez souvent chez les Jesuites & chez les Capucins. A l'égard des femmes, elles font leurs retraites en maison bourgeoise.

J'ai l'honneur d'être, Monsieur,

A Chio, ce 10 Févrir 1747.

RELATION

De la Marche de la Sultane Esma, *fille de Sultan Ahmed, lorsqu'on la conduisit à son époux Iaakoub Pacha, Gouverneur de Selistrée, ancien* Selikhtar *ou Porte-sabre, & grand Maréchal de la Cour de Sultan Mahmoud, actuellement regnant, le 27 Février 1743.*

LA marche étoit ouverte par dix *Coulagouz-Tchaouchs* [1], qui précédoient leur chef, & avoient tous le *Mudgevezè* [2] & le panache en tête.

[1] Les *Coulagouz-Tchaouchs*, sont les Huissiers du Divan qui sont à la tête de toutes les marches.

[2] Le *Mudjevezè* est la coëffure de cérémonie de la plus grande partie des Officiers du Grand Seigneur, & de la Porte. C'est un turban d'un pied & demi de hauteur sur deux pieds de circonférence : il est plus gros en haut qu'en bas, & va toujours en diminuant jus-

Après eux marchoient l'Açaş-Bachy & le Sou-Bachy à cheval & en turban nommé *Mantar*[1] : l'Açaş-Bachy est le grand Prevôt, & le Sou-Bachy le Commissaire général de police : ces deux Officiers ont soin de faire tenir les rues nettes.

Ensuite cent Janissaires de l'Açaş-Bachy à pied, le bonnet de feutre en tête.

Cent Divan-Tchaouchs ou Huissiers du Divan à cheval, le Mudgevezè avec le panache en tête.

Trente-cinq Vizir-Agas à cheval: ce sont des Gentilshommes du Grand Vizir, qui l'accompagnent toujours, & font ses commissions & ses messages dans la ville de Constantinople & dans

qu'à la tête qu'il emboëte juste : il est tout couvert de mousseline blanche. Ces Huissiers portent ordinairement une plume ou panache à leur turban.

[1] Le *Mantar* est un turban entierement couvert de mousseline blanche : il a la forme d'un pain de sucre que l'on auroit coupé trois pouces au-dessous de la pointe. Il n'y a que ces deux Officiers qui portent cette coëffure.

les provinces : ils étoient ſuivis chacun de ſix à ſept domeſtiques.

Trente Zaïms à cheval, en Mudgevezè, & ſuivis chacun d'une demi-douzaine de domeſtiques : les Zaïms ſont des Seigneurs qui poſſedent des Fiefs ; ils ſont obligés de marcher en tems de guerre avec un nombre de ſoldats proportionné au revenu de leur Fief.

Deux Ac-Agas ou Eunuques blancs : ils ſont chargés de la garde des premieres portes de l'intérieur des appartemens du Grand Seigneur.

Cinquante Zaïms à cheval, le Mudgevezè en tête, & accompagnés chacun d'une dixaine de domeſtiques : leurs chevaux, comme tous ceux dont nous avons parlé plus haut, & dont nous parlerons plus bas, étoient enharnachés de harnois couverts de plaques d'argent doré, & portoient des houſſes de brocard d'or ou d'argent, ou d'étoffes & de draps brodés & relevés en boſſes d'or & d'argent avec des fleurs brodées au naturel.

Trente-deux Mutefarricas & Sultan-Kiaïas à cheval, le Mudgevezè en tête, & accompagnés d'une douzaine de domestiques chacun : les premiers sont les Gardes du corps du Grand Seigneur, & les seconds sont les Intendans qui font toutes les affaires des Sultanes.

Le Defterdar ou Surintendant des Finances, à la tête des dix-neuf principaux Officiers de ce corps, tous à cheval, le Mudgevezè en tête, & accompagnés chacun d'une douzaine de domestiques.

Saïd Mehemmed Effendy, ci-devant Ambassadeur du Grand Seigneur en France, & aujourd'hui Nichandgy. Sa charge que j'ai toujours vû exercée par des Pachas à trois queues, ou des Effendis, gens de loi de la premiere considération, est de faire le paraphe du Grand Seigneur sur les diplômes & commandemens de ce Prince: il étoit à cheval & en Mudgevezè, avec une douzaine de domestiques

tiques à pied, comme tous les autres ci-dessus & ci-après.

Le Toptchy-Bachy, précédé de ses Tchaouchs ou Huissiers, & des six principaux officiers de son corps, tous à cheval, & le Mudgevezè en tête, avec une suite d'une douzaine de domestiques chacun. On doit remarquer que les Seigneurs Turcs, quand ils sont à cheval, sont plûtôt entourés que suivis de leurs domestiques; car ils en ont un de chaque côté à la bride de leur cheval, autant à l'étrier, & le reste à l'entour de la croupe. Les domestiques ne portent point de livrée comme dans les autres Cours de l'Europe: ils sont habillés en été de toiles blanches, & en hiver de draps rouges, blancs, verds, jaunes, bleus, gris, &c. Cette diversité de couleurs a son agrément, & fait un bel effet.

Le Toptchy-Bachy est le Grand-maître de l'artillerie, & commande un gros corps de troupes destinées au service du canon. Il est, en vertu de ſa charge, Gouverneur né du quartier de la Fonderie appellé *Top-hana*, où ſes troupes ont des corps de garde, & font le guet nuit & jour.

Dix Tchaouchs ou Huiſſiers de différens corps de milice.

Le Djebedgy-Bachy ou grand Munitionnaire à cheval, le Mudgevezè en tête, & précédé des ſix principaux officiers de ſon corps, tous à cheval, le Mudgevezè en tête, & ſuivis chacun d'une douzaine de domeſtiques.

Douze Secretaires du corps des Janiſſaires, à cheval & ceints de ceintures d'étoffes d'or & d'argent, qui les couvroient depuis les hanches juſqu'au haut de la poitrine. Ils avoient en tête le bonnet de feutre, qui diffère de celui des Janiſſaires, en ce que le bord qui ceint la tête eſt garni de ſatin la largeur d'un pouce, & au-deſſus du ſatin il y a un pareil eſpace garni de fil d'or.

Cinq cens Janiſſaires à pied & en bonnet de feutre, ſuivis du Lieutenant-

Colonel, & autres grands Officiers de cette milice, à cheval & en turban chargé de panaches blancs.

Les deux Généraux de la cavalerie précédés de vingt des principaux officiers de ce corps, tous à cheval & en Mudgevezè, ſuivis chacun d'une quinzaine de domeſtiques.

Le Tchechneguir ou grand Echanſon du Sultan à cheval, le Mudgevezè en tête, & accompagné d'une douzaine de domeſtiques.

Vingt-deux Capidgis-Bachis à cheval & en Mudgevezè. Les houſſes de leurs chevaux étoient de tiſſu d'or, & les harnois chargés de pierreries de différentes couleurs enchaſſées dans l'argent doré. Ils avoient chacun à l'entour d'eux une douzaine de domeſtiques, & devant eux un Chatir ceint d'une groſſe ceinture couvertte de plaques d'argent doré avec une groſſe pomme de même métal ſur le devant, & au côté gauche un poignard à gaine & manche de même métal qui passe dans la ceinture. Il n'y a que les Pachas & les Capidgis-Bachis, qui ayent le privilege de faire marcher devant eux un domestique habillé de cette façon, avec cette différence que les Capidgis-Bachis n'en ont qu'un : & les Pachas (j'entens ceux qui sont Pachas à trois queües) en ont au moins six. Les Capidgis-Bachis servent d'introducteurs aux audiences du Sultan : le Grand Seigneur les envoye en ambassade ordinaire dans les pays étrangers, & en commission vers les Pachas pour leur porter la nouvelle & les ordres de leur confirmation ou déposition, & quelquefois pour leur demander leur tête. La Porte les charge aussi de conduire les Ambassadeurs, tant qu'ils sont sur les terres Ottomanes, pour les défrayer & leur faire rendre les honneurs dûs à leur caractere. Leur charge a beaucoup de rapport avec celle des Gentilshommes de la chambre du Roi.

Le Stamboul Effendy, & le Harémëin Mufettichy, en gros turban rond de gens de loi, couvert de mousseline blanche, & à cheval, entourés chacun d'une quinzaine de domestiques. Le premier est le Lieutenant-général de police de Constantinople, & le second a une inspection sur les biens légués à la Mecque & à Medine, qui sont en grand nombre.

Les deux Cadileskiers ou Juges suprêmes d'Europe & d'Asie, à cheval & en gros turban rond de gens de loi couvert d'une mousseline verte, parce que ceux qui remplissent aujourd'hui ces postes sont tous les deux descendans de Mahomet. Cependant il est bon de remarquer ici que les Pachas & autres grands officiers d'épée de l'empire, quoique descendans du Prophéte, ne se distinguent jamais comme les autres par le turban verd, mais portent toujours le blanc, soit qu'ils se regardent comme au-dessus des privileges que donne cette naissſance, ſoit que le reſpect & la conſidération qu'elle procure ſoient incompatibles avec l'état de ſoumiſſion & d'humiliation dans lequel ils doivent paroître à la Porte, & devant le Sultan. La derniere de ces raiſons me paroît meilleure que la premiere : on tire cette naiſſance par les femmes comme par les hommes : ce qui multiplie extraordinairement le nombre des deſcendans du Prophéte, malgré l'attention qu'a la Porte d'envoyer de tems en tems des Commiſſaires dans les provinces pour examiner les titres de ceux qui, ſe diſant tels, veulent jouir des privileges qui leur ont été accordés.

Le Kiaïa du Grand Vezir à cheval & en Mudgevezè, avec une ſuite d'une trentaine de domeſtiques : c'eſt le Lieutenant du Grand Vezir pour les affaires de l'empire dont il eſt le ſecond Miniſtre.

Vingt-deux Tchaouchs ou Huiſſiers des vaiſſeaux de guerre à pied, marchânt deux à deux, habillés fort proprement avec des camisoles galonnées d'or, & garnies de boutons d'argent doré; la tête couverte d'une calotte rouge, & ceinte pardessus d'un *poch* ou étoffe de soye rouge : c'est leur turban d'ordonnance.

Le Janissaire Aga & le Capoudan Pacha, tous deux à cheval, entourés de leurs domestiques, & coëffés du turban nommé *Koullèvy* [1], parce qu'ils sont Vizirs ou Pachas à trois queues : le Capoudan Pacha ou Amiral avoit la droite, parce qu'il est plus ancien Vizir.

Trois cens Leventis ou Soldats de marine marchans à pied & en foule après les deux Pachas.

Le Secretaire, le Lieutenant & les

[1] *Koullèvy.* Ce turban a environ un pied & demi de hauteur, & est fait en forme de pain de sucre à pointe ronde, sur lequel s'élevent de haut en bas aux trois coins, trois bandes relevées de deux pouces, larges d'autant, & sur le devant une raie d'or de deux doigts de largeur, prenant de gauche à droite depuis le milieu du turban jusqu'au bas.

huit principaux officiers du corps des Tchaouchs ou Huissiers du Divan à cheval, en Mudgevezè, & suivis chacun d'une dixaine de domestiques.

Le Reïs Effendy [1] & le Tchaouch-Bachi [2] précédés des deux Maîtres des Requêtes, & des principaux officiers de la Porte & du Divan, tous à cheval & en Mudgevezè, avec un nombreux cortége de domestiques.

Le Grand Vizir à cheval & en turban koullèvy, précédé de douze Chatirs, de deux domestiques donnant l'aumône à tous les pauvres, entouré d'une trentaine de domestiques, & suivi d'une quinzaine de ses principaux officiers à cheval & en pelisse de martre zibeline, comme tous les Seigneurs dont il est parlé dans cette Relation.

[1] Le Reïs-Effendy est le Chancelier de l'empire dont il est le troisiéme Ministre, il a le département des affaires étrangeres.

[2] Le Tchaouch-Bachi est le Grand-Maître des cérémonies, Introducteur des Ambassadeurs, Commandant à tous les Huissiers du Divan dans lequel il entre comme Ministre.

Quinze Tchaouchs ou Huissiers du Grand Vizir en habit à fond d'or & fleurs de velours verd, avec des ceintures à plaques d'argent doré, & un panache à leur turban, régloient la marche depuis le commencement jusqu'ici.

Deux chevaux de main du Grand Seigneur conduits en lesse.

Le Miïmar Aga ou Chef des Architectes, accompagné de deux Architectes & de trente Menuisiers portant des échelles peintes en rouge, & les outils nécessaires pour abattre les toîts & auvens qui avançant trop sur la rue, auroient pû empêcher les Nakils [1] de passer dans les rues étroites.

Trois cens hommes du quartier de l'Arsenal marchant deux à deux, & coëffés de calottes rouges, avec des Huissiers de l'Arsenal d'espace en espace, pour tenir ces compagnies bourgeoises en rang; les Huissiers portoient en guise de bandoulieres des écharpes de damas : ces trois cens hommes

[1] Nakils. Voyez la page suivante.

étoient formés de compagnies bourgeoises, que le Capoudan Pacha, qui en vertu de sa charge d'Amiral est Gouverneur né du quartier de l'Arsenal, avoit fait lever dans ce quartier pour précéder les Nakils, du soin desquels il avoit été chargé.

Huit Nakils ou Piramides de bois, couvertes & garnies depuis le haut jusqu'en bas de clinquant & de fleurs & fruits artificiels; on en fait de différentes hauteurs : ceux-ci pouvoient avoir depuis vingt jusqu'à vingt-cinq pieds. Les quatre premiers étoient portés chacun par un homme, & les quatre autres, plus grands & plus hauts, étoient portés par quatre hommes sur une grande table soutenue par de grosses piéces de bois au bout desquelles étoient attachées les courroies qui servoient à les porter. Outre cela, quatre cordes attachées au haut des nakils, & pendantes jusqu'à terre, étoient tenues à égale distance l'une de l'autre par quatre hommes, afin de conserver les piramides dans leur équilibre.

Un Nakil d'argent massif, pesant soixante & dix-huit livres : il pouvoit avoir quatre pieds de hauteur, & étoit porté sur une table.

L'Intendant général de la marine & son Lieutenant, à cheval & en Mudgevezè : ils étoient entourés d'une vingtaine de domestiques.

Le Kizler Aga ou grand Eunuque, à cheval & en Mudgevezè, entouré d'une vingtaine de domestiques.

Un Officier de la Sultane portant, dans une cassette de bois précieux, garnie de nacre de perles, une bague & un Alcoran magnifiquement relié : c'étoient des présens du marié pour la mariée.

Quatre Eunuques noirs, à cheval & en Mudgevezè.

La Sultane nouvelle mariée, accompagnée de deux Dames du Seraï dans un carosse [1] tout garni de jalousies de

[1] Ces carosses sont suspendus sur des chaînes, & ne servent que pour les femmes & les vieillards.

bois doré, orné devant & dessus de plaques & de pommes d'argent doré. Le carosse étoit attelé de six chevaux, à trois de front, couverts d'une espece de selle rase sur laquelle étoient attachés les harnois. Les poitrails étoient de velours cramoisi brodé d'or.

Six Eunuques noirs à cheval & en Mudgevezè.

Sept beaux carosses de jalousie de bois doré, à six chevaux chacun, dans lesquels étoient,

La Sultane Aïchè, sœur de Sultan Mahmoud.

La Sultane Safiè, sœur de Sultan Mahmoud, & femme de Bekir Pacha, Gouverneur de Morée.

La Sultane Kutchuk Aïchè, fille de Sultan Ahmed prédécesseur du Prince regnant, & femme d'Ahmed Pacha, Gouverneur de Sophie. Ce Pacha est fils de Topal Osman Pacha, qui avoit été esclave de M. Arnauld à Malthe, & qui, après avoir été Grand Vizir, est mort à la tête de l'armée Turque devant Bagdad où il fut tué en 1733.

dans un combat dont tout l'avantage resta aux Persans.

La Sultane Satiha, fille de Sultan Ahmed, & femme d'Aly Pacha, ci-devant Gouverneur de Belgrade.

La Sultane Zeïneb, fille de Sultan Ahmed, & femme de Moustafa Pacha, Gouverneur d'Erzeroum.

L'Ikindgy Kadun, c'est la seconde odalik ou concubine du Grand Seigneur.

La Deurdundgy Kadun, c'est la quatriéme odalik ou concubine du Sultan.

Ces sept carosses étoient suivis chacun de deux Eunuques noirs à cheval & en Mudgevezè, & d'une douzaine de Bostandgis. Ceux-ci, comme l'indique leur nom, ont soin des jardins du Seraï [1] : ils sont aussi affectés au service des Sultanes, des Eunuques, Pages & autres officiers du Sultan, qui

[1] Seraï ou Serail veut dire le palais du Prince, & non pas l'appartement des femmes, qui s'appelle *Harem* ou Sacré.

ne peuvent jamais ſortir du Seraï: ils ſont leurs commiſſions & le ſervice au-dehors; ils ſont auſſi chargés de la garde des portes du Seraï où ils ſe tiennent dans des corps de garde.

Une troupe de Muſiciens à cheval. Cette muſique étoit compoſée de douze tambours, douze Naï ou eſpece de haut-bois, douze trompettes & douze cymbales. Les cymbales ſont des plats d'airain creux dans le milieu, auxquels on fait rendre un ſon en les frappant en cadence l'un contre l'autre. La muſique eſt ici une marque d'autorité & de puiſſance: il n'y a que les Pachas qui puiſſent avoir cette eſpece de muſique guerriere dont je viens de parler. Le Grand Seigneur, en créant un Pacha, lui donne les queues & les tambours; ſçavoir, trois tambours pour chaque queue. Les troupes Turques n'ont point d'inſtrumens, ni de muſique: c'eſt la muſique des Pachas qui leur ſert dans les armées.

Onze caroſſes de jalouſies de bois

doré, à quatre chevaux attelés de front, suivis chacun de deux Eunuques noirs & de six Bostandgys : ces carosses étoient remplis de Dames du Seraï.

Seize carosses à deux chevaux, & suivis chacun de quelques Bostandgys. Dans ces carosses étoient les femmes du Grand Vizir, de l'Amiral, du Janissaire Aga, d'Ibrahim Pacha [1] Grand Vizir, du Moufty ou chef de la Loi, de l'Hekim Bachy ou premier Médecin [2] du Sultan : toutes ces Dames étoient invitées à la nôce.

Un beau carosse de jalousies de bois doré, garni de plaques & pommes d'argent doré. Il étoit vuide, traîné par six chevaux, & couvert d'un drap vert depuis le haut jusqu'aux roues qui étoient argentées : c'est le carosse

[1] Ibrahim Pacha. Ce Vizir a été sacrifié aux rebelles dans la révolution qui a mis Sultan Mahmoud sur le trône en 1730.

[2] La place de premier Médecin du Sultan est remplie aujourd'hui par un homme fort considéré, qui a été Cadileskier ou Juge suprême.

que le Grand Seigneur a donné à Sultane Esma pour son usage : celui dans lequel elle étoit pendant la marche, étoit un des carosses du Grand Seigneur qui devoit retourner à son Seraï.

Le Secretaire du grand Eunuque à cheval, & suivi de trois chevaux de main de son maître.

Le second Ecuyer du Grand Seigneur à cheval, & suivi de chevaux de relais destinés à remplacer ceux qui pourroient manquer aux carosses du soin desquels il est chargé par son emploi : le grand Ecuyer ne se mêlant que des chevaux de selle du Prince.

Cette marche se fit le mardi 27 Février 1743, à dix heures du matin, & fut une heure & demie à défiler.

Le carosse de la Sultane Esma étant entré jusques dans la cour du Harem ou appartement des femmes, Iaakoub Pacha son époux y entra seul avec le grand Eunuque, & après avoir fait fermer les portes, ils firent descendre la Sultane de son carosse, & la conduisirent

ſirent, en la ſoutenant ſous les bras, juſqu'à ſon appartement; chacun d'eux la ſalua trois fois en l'abordant & en la quittant, avec des inclinations juſqu'à terre ſuivant la coutume.

Le Grand Vizir & tous les Seigneurs de la Porte, après s'être arrêtés quelque tems dans le palais de la Sultane, ſe retirerent chez eux. Sur le ſoir du même jour, le Grand Vizir, les deux autres Vizirs, & l'Imam ou Aumônier du Sultan qui avoit fait le mariage, retournerent chez la Sultane; & après avoir fait compagnie à Iaakoub Pacha pendant quelque tems, ils firent tous enſemble la priere de *Yatcy*, qui ſe fait tous les jours une heure & demie après le coucher du ſoleil. La priere faite, ils conduiſirent le nouveau marié en faiſant des prieres pour lui, juſqu'à la porte de l'appartement des femmes, dans lequel il entra avec le grand Eunuque, après que le Grand Vizir & les autres Seigneurs qui l'accompagnoient ſe furent retirés.

Ce fut alors que se fit la consommation du mariage. Il ne fut besoin pour cela ni de *Khatty Cherif* [1], ni de *Topouz* [2].

J'observerai ici qu'il n'est pas vrai que les femmes qui couchent avec le Sultan entrent dans son lit par le pied du lit, ni que les Pachas mariés à des

[1] Ces deux mots Arabes signifient à la lettre *noble caractère*. Le *Khatti-cherif* est un ordre signé de la main du Sultan. Plusieurs prétendent qu'un Seigneur marié à une Sultane ne peut consommer son mariage sans un Khatti-cherif conçû en ces termes : *Kalaaï feth eïlè*, dont le sens est : *Faites la conquête de la place*. Mais cette opinion populaire n'a aucun fondement.

[2] Le *Topouz* ou masse d'armes, en Turquie, est une marque de commandement. Un Seigneur Turc fait attacher à la selle de son cheval un Topouz d'un côté, & un sabre de l'autre. Le Topouz, dans la circonstance dont il s'agit ici, est une masse d'armes qu'on dit que le grand Eunuque donne de la part du Sultan au mari en présence de la Sultane mariée. Cet usage est fondé sur ce qui est arrivé une seule fois à l'égard d'un Pacha qui étant marié depuis quelques années à une Sultane qui n'étoit pas nubile, reçut, quand elle le fut, la permission de consommer son mariage, par un topouz que le Sultan lui envoya comme une marque de permission & d'autorité sur sa femme.

Sultanes fassent la même chose à leur égard : ce sont des opinions populaires qui n'ont aucun fondement.

On fit pendant toute la nuit des réjouissances dans le palais de la Sultane : elles consistoient en farces & danses exécutées par deux troupes de baladins, & une troupe de baladines. Ces dernieres habillées en hommes jouoient dans l'appartement des femmes. Une troupe de baladins jouoit devant le nouveau marié & sa compagnie, & l'autre dans une place publique vis-à-vis le Seraï, pour le peuple & les domestiques du Pacha & de la Sultane : les baladins étoient habillés en femmes.

Le lendemain, à huit heures & demie du matin, le Pacha nouveau marié fut appellé à la Porte, où le Grand Vizir le fit revêtir d'une pelisse de martre zibeline : après quoi il revint au palais de la Sultane. La coutume est de faire revêtir de pelisses les Pachas, quand le Grand Seigneur leur donne un Gouvernement, ou qu'il leur accorde quelque grace.

Ce même jour le Grand Seigneur alla, suivant l'usage, à la priere publique du vendredi, qui fut faite ce jour-là dans la Mosquée du Sultan Ahmed : après quoi il alla chez la Sultane Esma, pour la voir.

Les Sultanes & autres Dames qui avoient été invitées à la nôce, y resterent trois jours : le quatriéme elles retournerent chez elles sans que le nouveau marié les ait vûes ; car toutes les fois qu'il entroit dans l'appartement des femmes pour voir la Sultane, il se faisoit annoncer auparavant, & les eunuques avoient soin de faire retirer toutes les autres Dames.

[1] Iaakoub Pacha est âgé de cinquante-six ans ; il est fils d'un officier du Khan des Tartares de Crimée, qui faisoit sa résidence à Constantinople, où il étoit chargé des affaires de son Prince. Il n'avoit que treize ans, quand il perdit son pere, & le Saattchy-Bachy,

[1] En 1747.

ou premier Horloger du Sultan, lui trouvant une belle phisionomie & des talens, le fit entrer dans le Seraï du Grand Seigneur, en qualité de Page. Il a servi pendant trente-trois ans en passant par différens emplois, & I étoit un des favoris du Sultan Ahmed, qui, à sa déposition, le recommanda particulierement au Sultan Mahmoud son successeur. Il exerçoit alors l'emploi de *Khazinè Kiaïacy*, c'est le second officier du trésor des bijoux & joyaux du Sultan. Il avoit déja cet emploi quand la Sultane Esma nâquit; sa naissance lui fournit le sujet d'un poëme qu'il présenta au Sultan Ahmed. Ce Prince lut avec plaisir le poëme de son favori, & lui promit de lui donner cette Princesse en mariage, dès qu'elle seroit nubile.

Sultan Mahmoud, peu de tems après son avénement à l'Empire, fit Iaakoub Pacha Selikhtar ou Porte-sabre, & grand Maréchal de sa Cour: c'est le chef & le premier des officiers du Seraï intérieur, qui portent mouſtache. Les Pages ne parviennent à cet emploi qu'après avoir paſſé par tous les autres. La charge du Selikhtar l'attache continuellement auprès de la perſonne du Sultan, qu'il ne quitte que quand ce dernier entre dans l'appartement des femmes.

Les officiers du Seraï ſont partagés en trois claſſes : la premiere eſt celle des Eunuques, qui ſont commandés par le Kizler Aga ou chef des Eunuques noirs. C'eſt une erreur de croire que les Eunuques voient les femmes du Sultan : ils ſont chargés de garder l'extérieur de leurs appartemens, dans leſquels ils n'entrent jamais. Le grand Eunuque même, quand il a affaire au Prince, dans le tems qu'il eſt dans le *Harém* ou appartement des femmes, n'eſt introduit par les vieilles qui gardent le dedans de la porte, *qu'après qu'on a fait retirer les Dames.* Il arrive même quelquefois que le Sultan vient à la porte voir ce que lui veut le grand Eunuque, & lui donner ses ordres. Les Eunuques noirs, qui sont ceux dont nous venons de parler, sont au nombre de quatre cens, parmi lesquels les douze plus anciens & plus habiles, (car on les éleve tous avec un grand soin) ont le rang d'Aga ou Gentilhomme, & en portent les habits pour être distingués des autres. On donne à ces douze Eunuques le nom de Moçahib ou *Conversatores*, parce qu'ils ont la permission de parler au Prince, & de converser avec lui.

Il s'en faut de beaucoup que les Eunuques blancs, que je range dans cette même classe, soient aussi considérés que les noirs, ou en aussi grand nombre. Il n'y en a qu'une centaine, qui sont préposés à la garde de l'appartement des hommes & à celle des Pages: ils servent de précepteurs & de gouverneurs à ces derniers, & veillent jour & nuit sur leur conduite. De six lits en six lits il couche un Eunuque pour empêcher les désordres qui pourroient arriver parmi ces jeunes gens : ils ont à leur tête le Capou-Aga, ou Aga de la Porte.

La seconde classe est celle des Pages qui ont pour chef le Selikhtar. Ces Pages, pour la plûpart, ne sont plus enfans de tribut comme autrefois : beaucoup de bourgeois & autres personnes de Constantinople, trouvent le moyen de faire entrer leurs enfans dans le collége des Pages. Pendant mon séjour à Constantinople, j'y aï vû placer un jeune enfant fils d'un renégat Italien, & un jeune Moscovite qui avoit pris le turban pour quelque mécontentement qu'il avoit reçû de son Ambassadeur. Il y a aussi parmi eux de jeunes enfans des Pachas, & d'autres officiers de l'Empire & de la Porte, que le Sultan y fait placer à la mort de leur pere, dont tous les biens sont confisqués au profit du fisc. Ces enfans sont élevés dans un Seraï ou collége, qui est à Pera vis-à-vis Constantinople, dans un fort bon air, sur une éminence : ils sont instruits par des Eunuques blancs qui, en leur enseignant les langues Turque, Arabe & Persanne, leur apprennent aussi à monter à cheval, à manier le sabre, dont un des exercices est de couper net un gros flambeau de cire. On leur montre à décocher des fléches, & à lancer la zagaye à pied & à cheval: ils y restent jusqu'à ce qu'ils ayent le corps & l'esprit formés. Le Sultan va à ce Seraï une ou deux fois l'an, & voit par lui-même les progrès de ces Pages. A toutes les visites qu'il y fait, il en emmene ordinairement deux ou trois avec lui à son Seraï de Constantinople, où ils ont encore plusieurs années de noviciat à faire dans deux chambres différentes: après quoi ils parviennent à la derniere, dans laquelle ils sont officiers du Sultan, & sont chargés les uns de le raser, les autres de lui couper les ongles, d'autres de lui servir à manger, à boire, de laver son linge, de monter la mousſeline de ſon turban : enfin ils ont ſoin de tout ce qui regarde le ſervice de ſa perſonne & de ſa garderobe.

Ce ſont des femmes qui rempliſſent les mêmes fonctions, lorſque l'Empereur eſt dans le *Harem* : il a même des joueuſes d'inſtrumens qui lui compoſent une muſique complette.

La troiſiéme claſſe eſt celle des Boſtandgys, qui ont à leur tête le Boſtandgy-Bachy : c'eſt le ſeul officier du Seraï qui porte la barbe. Il accompagne toujours le Grand Seigneur ; & quand ce Prince va ſe promener ſur la mer, c'eſt lui qui tient le timon de ſa galiote, dont les rameurs ſont des Boſtandgys. J'ai parlé plus haut des autres fonctions des Boſtandgys : il me reſte à dire, pour achever cet article, que le Boſtandgy-Bachy eſt le prevôt du Seraï : c'eſt entre ſes mains que l'on conſigne les criminels, ſoit pour les exiler, ſoit pour les faire exécuter. Il eſt chargé auſſi de la garde & de la police du port de Conſtantinople, du canal qui conduit de cette capitale à la Mer noire, & des rivages de ce canal. Outre la garde de toutes les maisons de campagne du Sultan; il a de plus une inspection & un droit considérable sur tous les vins qui entrent à Constantinople par terre & par mer pour l'usage des Chrétiens & des Juifs. Sa charge l'oblige aussi à servir de marchepied au Sultan le jour de son couronnement, quand il monte à cheval pour aller à Youp, village qui est au fond du port de Constantinople, où est la Mosquée d'Youp dont il tire son nom, dans laquelle on garde avec soin le sabre du Sultan Osman, fondateur de la dynastie [1] des Otthomans. Les Princes Otthomans, à leur avénement à l'Empire, ceignent avec beaucoup de cérémonie le sabre du Sultan Osman: ce qui leur tient lieu de couronnement.

Le Selikhtar ou grand Maréchal,

[1] L'époque de cette dynastie doit être placée à l'an 1299 de l'Ere Chrétienne.

ne ſort de ſon emploi que pour être ſait Pacha, & quelquefois grand Vizir. Quand ce dernier cas arrive, il eſt obligé de reſter caché pendant deux à trois mois, juſqu'à ce que ſa barbe ſoit crue, parce que le Selikhtar ne peut avoir de barbe, & que le Grand Vizir doit l'avoir.

Iaakoub Pacha fut fait Pacha il y a dix ans, & depuis ce tems-là il a rempli pluſieurs gouvernemens dans leſquels ſa juſtice & ſa bonté lui ont toujours concilié l'amour des peuples auxquels il a commandé : j'en ai été témoin oculaire pendant un an à Seyde (c'eſt l'ancienne Sydon) où j'étois interpréte dans le tems qu'il en étoit Pacha : il avoit beaucoup d'égards pour nos privileges, ſoutenoit notre commerce, & nous protégeoit dans toutes nos affaires.

Le Grand Seigneur l'ayant fait venir de Seyde pour lui faire épouſer la Sultane Eſma fille du Sultan Ahmed, aſſigna d'abord à cette Princeſſe un beau & grand palais dans la place de *Kadirga liman*, proche l'ancien port des galeres des Grecs: ce palais a toujours été habité jusqu'à présent par des Sultanes & par des grands Officiers de l'Empire, à la mort desquels il a été confisqué, selon l'usage, au profit du fisc: on l'appelle aujourd'hui le *Palais de Sultane Esma*, & il lui appartiendra jusqu'à sa mort. Le Pacha son mari n'a d'autre droit sur cet hôtel, que celui que sa femme voudra bien lui accorder: il y loge avec elle pendant tout le tems qu'il est à Constantinople, & comme il n'y est venu que pour l'épouser, il y est descendu à son arrivée dans cette ville.

La Sultane a pour la servir dans le Seraï, des Eunuques noirs & blancs, des Bostandgis, des Kadounes ou matrones, des femmes esclaves, des cuisiniers & autres officiers petits & grands, appartenans au Sultan qui les a placés auprès d'elle. A la mort de cette Princesse ils retourneront tous au Seraï.

Le Grand Seigneur ne marie ordinairement les Sultanes qu'à ſes favoris, gens riches, qui ont ſoin de fournir à leur entretien, & qui ſouvent n'habitent pas avec elles plus d'un mois ou deux, après quoi on leur donne des Gouvernemens dont ils retirent de gros revenus : il y a même actuellement ici trois Sultanes mariées depuis quelques années, ſans que leurs maris, qui ont des Gouvernemens conſidérables, ſoient venus à Conſtantinople pour y conſommer leur mariage. Les Sultanes ne ſortent jamais de Conſtantinople. Les Pachas qui en ont épouſé, n'ont des concubines qu'en petit nombre, & avec leur permiſſion. Les Sultanes leur envoient de tems en tems un *boktcha* ou paquet contenant une chemiſe, un caleçon, un lien de *tchaktchir*, c'eſt la culotte, & un ou deux petits mouchoirs brodés. Elles reçoivent en échange, par le retour de leur courier, huit, douze ou quinze bourſes d'argent pour leur entretien ; la bourse vaut quinze cens livres : le messager est toujours payé très grassement. Ces Princesses protégent leurs maris à la Porte, & ont soin de leur faire donner les bons Gouvernemens.

Outre ce que les maris des Sultanes leur fournissent, elles ont encore un revenu fixe assigné sur le trésor. On distribue ces Princesses en deux classes : celles du premier rang, qui sont filles du Grand Seigneur ; & celles du second, qui sont ses petites filles, & filles de quelque Pacha auquel leur mere est mariée. Les premieres ont sur l'Etat une pension de trente mille écus, & les secondes une de quinze mille. Il arrive quelquefois que le Sultan augmente considérablement ces pensions, soit par l'affection particuliere qu'il leur porte, soit à la recommandation de leurs maris, qui ordinairement occupent de grandes places.

La Sultane Esma avoit une sœur qui

eſt morte, il y a quelques années, avec quatre-vingt mille écus de penſion : elle n'en avoit d'abord que trente mille, ſuivant la coutume, mais Tchorly Aly Pacha, & Ibrahim Pacha, tous deux Grands Vizirs, auxquels elle avoit été mariée ſucceſſivement, lui avoient fait avoir cinquante mille écus d'augmentation.

Il y a encore une autre eſpece de Sultanes : ce ſont les concubines du Grand Seigneur, qui lui ont donné des enfans mâles : elles ont auſſi des penſions, un palais, des officiers & des domeſtiques particuliers.

Toutes les femmes qui ont ſervi aux plaiſirs du Grand Seigneur, ne ſont point enfermées à ſa mort dans le vieux Seraï. L'on n'y met que celles qui ont eu des enfans mâles, & celles qui n'ayant point eu d'enfans, ou n'ayant eu que des filles, n'ont point été données en mariage par le Sultan à quelque Seigneur de ſa Cour. Une preuve de ce que j'avance eſt que la

mere

mere de la Sultane Esma est actuellement femme de Hadgy Ibrahim Aga, *Mutevelly* ou Intendant des biens légués aux Mosquées de la Mecque & de Medine, dans la ville de Magnesie dans l'Asie Mineure. Ce Seigneur est mon ami particulier, & c'est de lui que je tiens une partie des anecdotes ci-dessus, qu'il a apprises lui-même de sa femme, qui a été long-tems odalik ou concubine du Sultan Ahmed, dont elle a eu trois filles.

Il n'est point vrai non plus, comme bien des gens le croient, que l'on fasse mourir à leur naissance les enfans mâles des Sultanes qui sont mariées à des Pachas : cela peut s'être pratiqué dans les siécles passés, quand les Sultans faisoient mourir leurs propres enfans & leurs freres ; mais on ne le fait pas aujourd'hui : il y a actuellement dans cette Cour, plusieurs Seigneurs fils & petit-fils de Sultanes.

Sultan Mahmoud aime beaucoup Sultane Esma, qu'il vient de donner en mariage à Iaakoub Pacha ; elle n'avoit que quatre ans & demi quand il est monté sur le trône, il y a douze ans & demi. Ce prince n'ayant point eu d'enfans, ce qui a toujours rendu son autorité chancelante, il a regardé cette Sultane & sa sœur, comme ses propres filles. Cette derniere peut avoir aujourd'hui quatorze ans; on dit qu'elle sera mariée dans six mois, sans qu'on sçache précisément avec qui. L'opinion la plus commune est qu'elle épousera le Selikhtar actuel qui s'appelle Moustafa Bey, & qui est fils de Baltadgy [1] Mehemet Pacha, qui a été un Pacha célébre, celui-là même qui étant grand Vizir, & Généralissime de l'armée Turque, laissa échapper Pierre le Grand de Prut ; ce qui occasionna sa disgrace & son exil dans l'isle de Lemnos où il est mort. Ses biens ayant été confisqués à sa mort, suivant la

[1] *Baltadgy*, c'est-à-dire Fendeur de bois: son mérite l'avoit élevé jusqu'à la dignité de Grand-Visir.

coutume, Moustafa Bey son fils qui étoit encore fort jeune, fut mis dans la premiere chambre des Pages : il a passé depuis ce tems-là par différens emplois, & est enfin parvenu à celui de Selikhtar qui est le premier.

Sultane Esma, qui depuis la déposition de Sultan Ahmed son pere, étoit dans le vieux Seraï, a été conduite peu de jours avant ses nôces au Seraï neuf, duquel elle est partie avec le cortége ci-dessus, pour se rendre à son palais de Cadriga Liman.

Le Grand Seigneur ayant demandé combien l'on donnoit ordinairement de bijoux aux Sultanes qui se marioient, on lui répondit que la coutume étoit de leur en donner sept cassettes. Sur cette réponse il a ordonné qu'on en donnât trois de plus à cette Princesse, & qu'on lui rendît tous les honneurs qu'on pourroit rendre à sa propre fille : c'est ce qui a fait que toute la Cour s'est trouvée à cette marche, qui étoit des plus belles qu'on eût vûes depuis long-tems. Les bijoux que l'on donne aux Sultanes ſont tirés du tréſor des pierreries du Prince, & y rentrent à la mort des Sultanes : elles n'en ont que l'uſage.

Il y a aujourd'hui dans les priſons du Seraï quatre Princes fils du Sultan Ahmed, outre les deux qui ſont morts depuis ſa dépoſition arrivée en mil ſept cent trente.

Le premier s'appelle Sultan Mehemmed : il avoit vingt-cinq ans dans le tems que cette relation a été faite.

Le ſecond eſt Sultan Mouſtafa : il avoit vingt-deux ans.

Le troiſiéme ſe nomme Sultan Baïezid ou Bajazet : il avoit dix-huit ans.

Et le quatriéme qui n'avoit que quinze ans, s'appelle Sultan Seïf-eddin.

Les Princes Ottomans, priſonniers du Grand Seigneur, ne ſont point renfermés, comme pluſieurs voyageurs l'ont publié, dans des priſons qui n'ont d'ouverture que par le toît par où ils disent qu'on leur descend à boire & à manger : cette prison existe à la vérité, mais le Sultan n'y fait mettre les Princes que quand il appréhende quelque révolution. On les garde ordinairement dans un grand corps de logis, où ils ont chacun cinq ou six chambres, & un jardin pour se promener à pied & à cheval. Ils y sont servis par des eunuques, & ont des femmes pour leurs plaisirs ; mais on a soin de les rendre stériles avant de les livrer aux Princes, & quand quelqu'une d'elles devient enceinte malgré cette précaution, on lui donne des drogues pour faire périr son fruit.

Sultan Osman est aussi actuellement dans les prisons du Seraï ; il est frere de Sultan Mahmoud, aujourd'hui regnant. Si l'on suit l'usage ordinaire, il succedera à son frere comme le plus âgé des Princes prisonniers. Mais cet ordre est quelquefois changé par la volonté des Janissaires, qui étant environ au nombre de quarante mille à Constantinople, disposent du trône & y placent qui bon leur semble, pourvû qu'il soit de la race des Ottomans, auxquels ils sont fort attachés. L'opinion la plus reçûe est que si cette Maison venoit à s'éteindre, celle du Khan des Tartares de Crimée lui succéderoit.

Je ne dois pas oublier, en parlant des Janissaires, de rapporter ici que j'ai lû dans les Annales[1] de l'Empire Ottoman par Rachid-Effendy, livre fort estimé, que l'an de l'Hegyre 1099 de Jesus-Christ, 1688 après l'avénement de Sultan Seuleïman, fils de Sultan Ibrahim, à l'Empire, les registres des Janissaires ayant été consultés pour faire à cette milice le présent usité en pareil cas, on trouva que le nombre des Janissaires de Constantinople, invalides ou en service, montoit à 38131, & celui des autres qui sont en garni-

[1] Cet Ouvrage a été tiré de la Chancellerie de la Porte.

son dans les places frontieres, à 32263, ce qui fait en tout 70394, auxquels on distribua 3977 bourses d'argent, sur le pied de 1500 liv. la bourse, ce qui fait 5965500 livres tournois.

FIN.

www.ingramcontent.com/pod-product-compliance
Ingram Content Group UK Ltd.
Pitfield, Milton Keynes, MK11 3LW, UK
UKHW020213250726
13967UKWH00003B/1433